いかにして日本の精神分析は始まったか

草創期の5人の男と患者たち

西 見奈子

みすず書房

目次

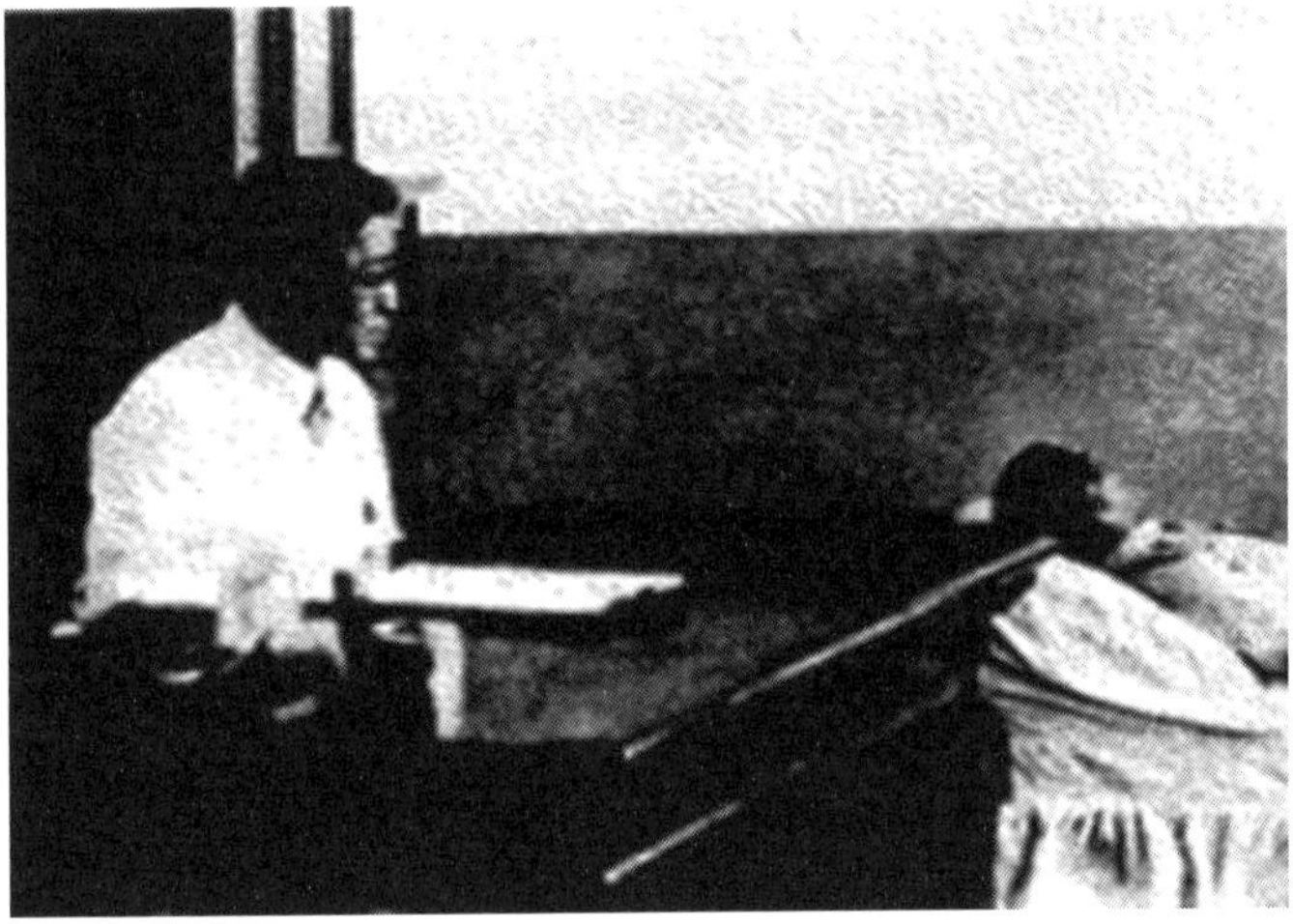

図１　精神分析療法を実施しつつある處（『精神病学』1936より）

はじめに

ここに一枚の写真がある。モノクロで印刷も不鮮明なため、はっきりとは分からないが、眼鏡をかけたひとりの男がノートを開いて机に向かっている。男の視線の先には、髪の短い男性と思わしき人物がやや大きめのクッションに背をもたれ、横たわっている。

この写真は、丸井清泰《きよやす》によって一九三六年に出版された『精神病学』[1]で精神分析の解説に用いられたものである。写真の下には「精神分析療法を実施しつつある處」との説明が添えられている。一九二〇年代後半から一九三〇年代にかけて日本の精神分析運動は大きな盛り上がりを見せた。写真は、そうした中で撮られたものである。しかし、そのような戦前の日本の精神分析については、これまでほとんど知られていない。日本の精神医学史においても、また日本の臨床心理学史においても、重要な出来事であったというのに、その歴史を顧みるための書物はごく限られたものであった。

この写真が何を意味するのか。彼らは何をおこなっていたのか。それを明らかにすることが本書の目的である。すなわち精神分析が日本でどのように始まり、展開していったのか、特に精神分析臨床の文脈における草創期の全貌を明らかにするものである。

そのために本書では、五人の男たちを取り上げる。矢部八重吉、丸井清泰、大槻憲二、中村古峡《こきょう》、古澤平作である。いずれも草創期の日本の精神分析に関わった人物である。彼らによって日本の精神分析は今こうして、実践され、研究されている。

本書に入る前に現在の日本の精神分析の状況について説明しておく必要があるだろう。日本には精神分析に関する団体がいくつか存在しているが、最も大きな学術団体は日本精神分析学会である。これは、一九五五年に古澤平作によって創設された団体で、二〇一八年八月の時点で二七五一名の会員を持つ団体である。一方、精神分析家を育成するための、精神分析家によって組織された団体として、日本精神分析協会がある。こちらは、フロイトが創始したInternational Psychoanalytical Association（IPA）の日本支部で、二〇一九年一月現在、名誉会員も含め、三十八名の会員がいる。それに加えて訓練を受けているものが三十名近く登録されている。また、会員には、準会員、正会員、訓練分析家の種別がある。精神分析の訓練、すなわち精神分析家を志すものの訓練分析やスーパービジョンを担当するのは、訓練分析家に限られている。現在、名誉会員を除いて訓練分析家として登録されているのは、十一名である。稀少な存在である。こうした精神分析家になるための訓練についてここで詳しく説明したのは、本書のいくつかの部分で精神分析の訓練について取り上げているためである。精神分析臨床に関わりのない人にとっては、それらの言及はやや奇妙に思えるかもしれない。なぜ精神分析の訓練を取り上げるのか。そこには、日本の苦い歴史がある。

それは、一九九三年に起こった。その当時、日本の訓練分析でおこなわれていた精神分析の多くは国際基準とされている週四回以上ではなく、週一、二回の精神分析的精神療法であった。すなわち訓練に必要とされる国際基準を満たしていなかった。そうした状況がIPA本部に告発され、公に知られるという事態が起きた。それは日本支部の存続を揺るがす大事件であった。IPAのアムステルダム大会の時に起こったためにこの出来事は「アムステルダム・ショック」と呼ばれている。日本は、国際基準に沿った訓練システムの改変を求められ、一九九五年にセッションの頻度を明記した規約が作られ、一九九六年に発効された。そうすることによって、日本支部は存続の危機を回避したのである。しかし、それは当時、訓練途中にあった精神分析家の候補生たちが再度、訓練のやり直しをおこなうことを意味した。戸惑い、焦り、不安、怒り、さまざまな思いが候補生たちに生じたことは想像に難くない。結果、八十二名いた候補生は七名となった。[2]

この出来事のために、現在の日本の精神分析においては今でも訓練について活発な議論がある。本書における訓練の言及は、そうした背景のもとにある。しかし、そのような言及は先人の訓練の状況を批判するためのものではない。それぞれの時代の訓練の状況や判断があったわけであり、そうした文脈を顧みずに現代の感覚から一方的に非難することは、愚かな行為である。比較的最近まで、この「アムステルダム・ショック」については、公言するのも憚られるような空気があった。それを変えたのは、本書でもたびたび引用している北山の著書（二〇一二）[3]、さらには日本精神分析学会でおこなわれた藤山の会長講演[4]など、現在の日本の精神分析を牽引する訓練分析家たちによって歴史を振り返る作業がおこなわれたおかげである。

歴史はトラウマに満ちている。しかし、それを振り返り、吟味することの意義を歴史研究は教えてきた。逆に言えば、起きた事実を隠蔽し、歴史を塗り替えてしまうことの恐怖や愚かさを歴史は伝えてきた。それは精神分析も明らかにしてきたことである。精神分析は、個人の歴史の再構成が、心的変化に重要な役割を持つと考えてきた。精神分析が示し続けてきたのは、歴史を知ることから、私たちは現在の問題を理解する枠組みを学べるということであり、これから歩むべき道をもまた知ることができるということである。日本の精神分析の歴史を知ることによって、私たちは今の日本の精神分析や、これからの日本の精神分析を考えるための理解を得ることができるのではないだろうか。

これまで知られていなかった事実に光が当たり、そこで新たに見えてくるものが私たちの思考を広げ、歓びを与えてくれることを信じたいと思う。

第一章　精神分析家の誕生――矢部八重吉

一　心理学者　矢部八重吉

日本初の精神分析家

日本初の精神分析家の名を矢部八重吉（一八七四―一九四五）という（図2）。彼は鉄道省で働く心理学者であった。

精神分析家になるためには、国際精神分析学会（International Psychoanalytical Association、以下、IPAと記す）の取り決めたいくつかの手続きを踏む必要がある。基本は、自身が精神分析を受ける訓練分析、精神分析症例に対するスーパービジョン、一定のカリキュラムに基づく精神分析についての講義を受講するという三本柱である。そのような条件に加え、その人が精神分析家に相応しいかどうか、審査がおこなわれることとなる。これらの訓練システムは、マックス・アイティンゴンによって提案され、各国で現在の形へと整えられていった。矢部が渡欧したのは、ちょうどそのようなシステムが整いつつある頃であった。矢部は、エドワード・グラヴァーから訓練分析を受け、アーネスト・ジョーンズから精神分析の講義を受けて、晴れて精神分析家として認められた。一九三〇年、彼が五十六歳の時であった。五十六歳。彼はそれまで何をしていたのだろうか。そもそも一体、この矢部という人物は何者だったのだろうか。

矢部は大学にも所属しておらず、著作も多くはないため、これまで多くが謎とされてきた。日本の精神分析の歴史の中でも、古澤平作や丸井清泰の名前を聞くことはあっても、矢部の名は知られていなかった。また何よりそれは、彼が創設し、率いた精神分析グループが戦前に消滅したためでもある。まずは矢部が精神分析に出会うまでを辿ってみることとしたい。

精神分析に出会うまで

矢部は一八七四年二月に栃木に生まれた。どういう経緯だったのかは不明であるが、一八九〇年にアメリカに渡り、高校を卒業した後、一九〇一年にカリフォルニア大学を卒業し、その後エール大学に入学して、一九〇二年に退学、そして一九〇五年に日本に帰国している。[5] つまり矢部は十代の半ばで海外に渡り、青年期を海外で過ごした。大学では実験心理学を学んでいたようである。矢部が留学していたエール大学は、矢部の在籍より数年前の一八九六年から一八九八年の間、後に日本心理学会を創設して初代会長となる松本亦太郎が留学していたことが知られている。当時エール大学には、心理学の祖として知られるヴィルヘルム・ヴントの元で学位を得たエドワード・スクリプチャーが招か

図2　「矢部八重吉氏に精神分析学を訊く座談会」での集合写真
（前列右から）那須章彌、岡崎正伸、矢部八重吉、金森誠之、錢高作太郎、景山質
（後列右から）坂口豊次、芝川又太郎、川口五郎三郎、橋本精、田村一吉、今川宇一郎、宮長平作、高野政造、名須川秀治

れ、実験心理学のための心理学実験場を開設していた。そこで学んだ松本亦太郎は、後に京都大学、東京大学の心理学の教授を歴任して心理学実験の場を創り、日本の実験心理学を築いていくことになった。すなわち、矢部が学んでいたのは当時の心理学の中でもトップレベルのものであった。

　留学時代の矢部については、興味深い資料がいくつかある。ひとつは明治末から昭和の初めにかけて一世を風靡した女性奇術師、松旭斎天勝《しょうきょくさいてんかつ》に関わる資料である。その中で、矢部は、天勝の妹「北島とし」と結婚した人物として登場する。精神分析家の前田重治はエッセイの中で、幼い頃、手品のことを「天勝」と呼んでいたと回想しているが[6]、当時、松旭斎天勝は日本で圧倒的な人気を誇る奇術師であった。天勝の伝記はいくつか出版されていて、それらの伝記の中で矢部について、エール大学に在学する一方で「ニューヨーク・イブニング・ジャーナル」と「ハーストプレス・シンジケート」の記者としても働いていた、と記されている。[7] 天勝がアメリカで矢部と初めて会った時の印象は次のようなものであった。

もの静かで言葉の端々までしっかりしており、まことに末頼もしい若人——と天勝は初めて会った時からすっかり矢部に惚れ込んでしまった。

松旭斎天勝の伝記のひとつは、矢部夫人である矢部寿子《としこ》に取材して書かれている。その伝記の中では、天勝が人気を博すきっかけにもなった読心術やメスメリズムは精神分析を学んだ義弟矢部のおかげ、など矢部に関するいくつかの興味深いエピソードが披露されている。[8] 帰国後も矢部と天勝のつながりは続いていたようで、一九一五年三月から発行された天勝一座の宣伝雑誌「奇術画報」の出版社「洋洲社」の編集人として、矢部八重吉の名前が認められる。洋洲社は、矢部が設立した海外と日本をつなぐ雑誌や書物の出版社であった。その中の、例えば、秋山愛三朗が著した『Sights of Old Capital』[9]（一九一九）は、英語による海外向けの京都の観光地案内、今で言うところのガイドブックであり、フルカラーの芸妓の絵やモノクロの写真が多数使われた美しい本である。

さらにもうひとつ。留学時代の矢部について調べていくと、必ず突き当たるのが柔術家の達人としての矢部八重吉である。一九〇五年のアメリカの新聞には、いく種類かの The Yabe School of Jiu-Jitsu と称された通信制の柔術学校の大々的な広告が、時に矢部の写真とともに掲載されている（図3・4）。通信制でどうやって柔術を身につけるのか甚だ疑問であるが、ずいぶんと人気があったらしい。現在でも達人 Yabe の柔術のテキストは入手することができる上、アメリカでの柔術の歴史を扱った論考には Yabe の名が散見される。しかし、これは全くの誤解だったようである。

矢部は「東京朝日新聞」（一九〇五）の「米国柔術学校の真相」[10]という記事の中で、「米人の山師」に名前を利用されてしまったことを告白している。つまり伝説の柔術家矢部八重吉は真っ赤な嘘であった。矢部は、柔術は趣味であり、理論は知っていたが、達人ではなく、誇大広告に使われたことにかなり困惑したようである。矢部によると、当時のアメリカでは、「小さき日本人が巨大なる巡査を柔術にて倒したり」といったような新聞の見出しが踊り、柔術が「神秘の奇術」であるかのようにもてはやされていたらしい。矢部が広告塔となった通信制の柔術学校は、その柔術流行りに便乗したもので、入会と同時に十ドルを支払うと四冊の柔術書が送付され、疑問があれば書面にて質問するという仕組みであった。この柔術学校は柔術熱に沸くアメリカで大いに流行って、入会者は十五万人にも上った。しかし、質問の中には矢部に実際に会って柔術を見てみたいという人もいて、矢部は閉口したと述べている。留学先での飛んだハプニングであった。

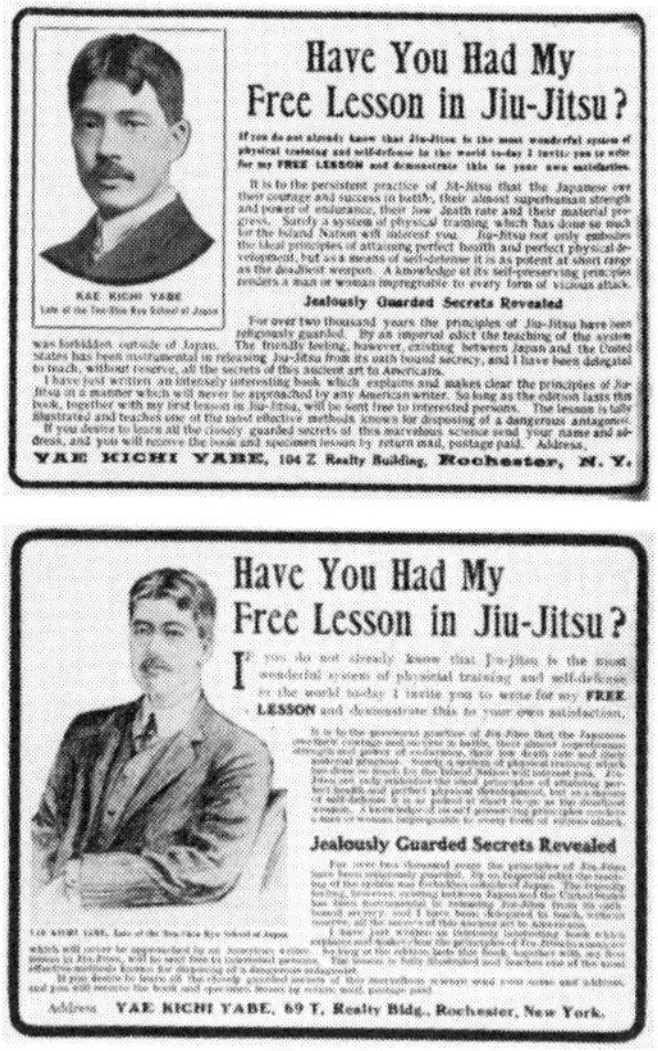

図３・４　柔術学校の広告（1905年）

帰国後、矢部は先述した自身の出版社であ

る「洋洲社」や「海外新聞切抜通信社」などで英語を生かして働いていたようである。そして、一九一九年頃より鉄道省に就職し、実験心理学の研究をおこなうようになる。後にジョーンズがフロイトに矢部を紹介する際、矢部が大学の職に就けなかったことに触れているが、どうやら矢部は大学への職を希望していたところがあったらしい。矢部と同時期に同じ大学に留学していた松本亦太郎の活躍を知っていたかどうかは分からないが、大学院まで修めていた彼がそれを願うのは当然のようにも思える。けれども矢部はアメリカの高校を卒業して、アメリカの大学を卒業していた。後ろ盾が何もないところで、大学の職を得ることは難しかったのかもしれない。鉄道省で実験心理学者として働くようになったことは、矢部がようやく自分の専門性を生かせる職を手にしたものだったとも考えられる。

　矢部が鉄道省でおこなった数々の実験の成果は、鉄道大臣官房研究所が出版した業務研究資料や「鐵道労働彙報」で確認することができる。それらの内容は、知能や知覚を測定する実験、仕事における適正や勤務状態の変化といった心理学実験の紹介や報告である。これらの仕事の集大成とも言える著作が一九二七年に『鉄道能率学』[11]として出版されている。矢部がおこなっていた実験は興味深い。「分布面に依る勤務密度の測定」[12]（一九二五）においては、勤務状態を正確に測定するために、勤務時間だけではなく、努力もひとつの指標として加え、「勤務密度」として測定しようと試みている。また中には、「加州大学〔カリフォルニア大学〕実験心理学教授チェー・エム・ストラットン氏」とおこなった共同研究の報告[13]もある。このストラットン氏（Stratton, G. M.）は、実験心理学の父とされるヴントの元で学び、特に視覚についての知覚心理学の発展に多大な貢献をおこなった著名な心理学者である。一九〇八年にはアメリカ心理学会の会長にも就任している。おそらく留学時代のつながりがあったのだろう。

矢部がおこなったこれらの一連の実験は、当時日本で盛り上がりを見せていた産業心理学の影響を受けたものと考えられる。ちょうど同時期に上野陽一が小林商店、すなわち現在のライオン株式会社でおこなった産業への心理学の応用は有名であるが、急速な産業の拡大と変革によって、人々をどのように働かせることが生産量の向上につながるのかという「能率研究」は当時の日本社会における重要な課題であった。[14] 矢部はその課題を遂行するひとりとして、当時、産業の発展とともにめざましい成長を遂げていた鉄道省で働いていたのである。

一方、『鉄道能率学』には、すでに複数箇所に精神分析を思わせるような文章を見つけることができる。例えば次のようなものである。

> 換言すれば、行動、言語、心の働きであって意識せられないものがある。例えば、無意識的行動、無意識的言語及無意識的心、即ち潜在意識と云う様なものがあるのである。そして斯く意識せられない生理機能は、従来、我々が考へて居ったとは全く違ひ非常に多いのである。意識せらるるもの、即ち心で知る事の出来るものは、全体の内で幾ど九牛の一毛にしか当らない。[11]

これはフロイトが『精神分析入門』で用いた氷山の例えを連想させるような文章である。この本が出版される一ヶ月前の雑誌「事業と広告」では「精神分析から見た事業成功と夫婦合性の研究[15]」「精神分析から見た夫婦合性の研究[16]」という短い記事も書いている。内容は、夫婦の相性について、おそらくサディズムとマゾヒズムのことだと思われるが、「残忍性」と「被残忍性」から論じた記事である。

他にも「精神分析派の見地よりした産業従事員の待遇法[17][18][19]」という連載が「鉄道労働彙報」の中でみられる。残念ながら「鉄道労働彙報」は、一九二七年より以前に発行されたものとしか分からない出版年数が不明の資料であるが、この頃までには、はっきりと矢部が実験心理学から精神分析に視点を移していたようである。

そして『鉄道能率学』が出版された翌年の一九二八年、矢部八重吉は大槻憲二らとともに東京精神分析学研究所を設立し、一九二九年十二月には、春陽堂から『フロイド精神分析学全集』の出版を開始する。そして一九三〇年、ついに渡欧し、フロイトと面会することとなる。

それでは、なぜ矢部八重吉は、精神分析に傾倒していったのだろうか。その理由については、ヨーロッパから帰国した翌年におこなわれた「矢部八重吉氏に精神分析學を訊く座談会[20]」と題された講演録の中で知ることができる。それは、一九三一年十一月一日、出版社「都市工学社」の主催でエンジニアの人たちを対象に学士会館でおこなわれた座談会であった。講演録からは、矢部の語り口が実に軽快なもので、話が上手な人だったことが伝わってくる。例えば「この自負心は精神分析学の要語で自己愛と言うております。我々は生まれながらにして自己愛即ち自惚を持って来て居る。釋迦は生まれると同時に天上天下唯我独尊と宣言したと言われているが、この気持ちを我々は皆持っている」といった調子で、さまざまな引用をしながら、ガリレオ、ダーウィンと並んでフロイトは、その人間の自惚れ、世界の中心は自分である、を破壊した人なのだと紹介している。

そして、矢部は渡欧することになった経緯を以下のように説明する。

私の精神分析研究は約十ヵ年前からやっていっていろいろな著書を読んでおりますが、どうしても本場所へ行って親しく個人教授と分析とを受けなければ成らないという事になりました。書物の上の研究だけではいつまでたっても机上の空論たるを免れませんので、実地の上からの分析を自ら受け一定数の患者をあちらの診療所で取扱つてみなければならないのです。つまり自ら患者を実際に分析しないといけないという条件でありましたからして、私はかなりの年配でございますが、六十の手習いの積もりで渡欧を決しました。六ヶ月の現地研究の結果国際学会の会員に推薦される事となり、そして当時私の希望として、日本に支部をこしらえてもらいたいとの申し込みを為しました。[20]

さらに自分がなぜ、実験心理学から精神分析へと傾倒していったかという理由については以下のように述べる。

私は初め、実験心理学をやるつもりで一般心理学、数学等をやり、それに関し実験もやってみたが、しかしそれで［は］物足りない。多年私は鉄道省で機械を使い、人を使って、メンタルテストをやりましたが、たいした効果がない。（中略）実験心理では人間全体と言う問題の研究として、所謂九牛の一毛にも触れ難いのである。（中略）その物足らない所を精神分析においては充たすことが出来るのであります。（中略）唯物論を唱えているものはしきりに精密科学の方法を心理学に採用しようとしているが、心というものの働きに関しては今日の処精密化学の単位を用いて量る事が出来ない。人間の心を量ろうとすると、多数なバリエーブル（変数）に出遇する。そこでコンスタント（定数）を見いだすのが非常に困難である。（中略）精神分析は絶対に人間の心といえども原因結果なくては起らない。自由意志というものは絶対にない。全てが因果律によって支配を受けていると主張するばかりでなく、之を証明する事ができたのであります。ここで精神分析は初めて科学の価値があり、科学の仲間入りをする権利が出来た。すなわち心理学が精神分析学によって初めて科学の仲間入りをする事ができたと信ずるのであります。[20]

このように、元々実験心理学者であった矢部は、定数で人の心を測る実験心理学のあり方に限界を感じ、多数の変数を持つ人の心をより理解できる科学として、精神分析に関心を持った。そして、精神分析は書物だけで学ぶことができないという認識のもと、渡欧したのであった。

二　フロイトとの面会

フロイトとその周辺をめぐる状況　一九三〇年代

一九三〇年五月七日、矢部はフロイトと会うことになる。その詳細について述べる前に当時のフロイトをめぐる欧州の精神分析の状況を知っておく必要があるだろう。

フロイトは、一九二三年に初めて口腔癌の手術を受けた。しかしながらその結果は芳しいものではなく、激しい痛みが続いた。特に手術後に作らせた義口蓋の具合が悪く、不快感は募った。そのような身体の不調の一方で、一九二九年七月末にフロイトは新しい著作を書き終えた。『文化の中の居心地悪さ』である。しかし、この本で再び取り上げた死の本能をめぐっては、さまざまな議論が沸き起こった。例えば、ジョーンズは死の欲動だけはどうしても賛成できないとフロイトにその感想を書き送っている。それに対してフロイトは「もはや心理学的にも生物学的にも、この根本的な（死の）欲動を抜きにしては考えられないのです。あなたもいつかはきっと理解してくれることでしょう」[21]（一九三〇年一月二十六日）と答えている。

オスカー・プフィスターとのやり取りにおいてもフロイトはジョーンズに書き送ったものとほとんど同じ主張を繰り返している。「死の本能」は、生命力の減退に過ぎないのではないかと意見したプフィスターに対して、フロイトはこれがいかに人類にとって根本的なものかということを強調した。

そして「(死の本能)は決して私が心から望んでいるものではありません。心理学的にも生物学的にも、これを仮定しないわけにはいかないように思われるのです」と述べている。「死の本能」については、のちにクラインがこの概念を発展させていくこととなるが、現代でも賛否のある考えであろう。フロイトが『文化の中の居心地悪さ』の原稿を印刷所に送る一週間前の一九二九年十月二十九日、ニューヨーク株式市場が大暴落し、世界大恐慌が起きた。社会状況は穏やかではない方向へと進みつつあった。

そのような中、一九三〇年七月末にフロイトはゲーテ賞を受賞する。フロイトは体調が悪く、娘のアンナが代わりに授賞式に出席した。また、その二ヶ月後には、フロイトの母親、アマリア・フロイトが九十五歳で亡くなった。フロイトは葬儀には出なかった。これもまたアンナが父親の代理を務めた。そして、一九三一年四月に再び癌の手術を受けた。フロイトはアーノルド・ツヴァイクにこう書き送った。「すっかり弱々しくなり、体の自由もきかず、うまく話すこともできません」[21](一九三一年五月十日)。そして、彼は七十五歳の誕生日を迎えた。その夏、フロイトがルー・アンドレアス＝ザロメに宛てた手紙には「実のところ、私はこの間、義口蓋のせいでありとあらゆる苦痛を味わってきました。そのおかげで、難しいことを考える気が起きないのです」と書かれている。さらに、ザロメに宛てた他の手紙の中で、フロイトは耳が遠くなって声が聞き取れなくなったことにも触れている。[21]

失っていったのは、健康だけではなかった。この時期に長年にわたって彼の「お気に入りの息子」であったオットー・ランクが彼の元を去った。それは精神分析コミュニティにさまざまな騒動を巻き起こすものであった。オットー・ランクについて少し解説を加えよう。

不幸な生い立ちのオットー・ランクはフロイトと出会った時、二十一歳でまだ高校すらきちんと卒業していない若者だった。そこからフロイトは秘書としてランクを雇い、大学を卒業するために経済的にも精神的にも彼を応援し続けた。しかし、一九二〇年代に入り、ランクが自身の精神分析を発展させていくにつれて、フロイトとの間に亀裂が生じていった。さらに彼はジョーンズとの間で、しばしば衝突するようになった。そのうち、その衝突は、学会の中心メンバー間の対立を引き起こした。そうした中、特にカール・アブラハムはジョーンズに味方し、ふたりはランクに対して敵対的となった。そうした中、フロイトからの離反を決定づけることになった彼の代表作『出産外傷』[22]（一九二四）が出版される。これは、父親よりも母親との関係を重視したものであり、エディプス・コンプレックスではなく、出産外傷こそがすべての源泉とみなすものであった。そこでは、さまざまな症状や文学が、子宮回帰願望の現れとして解釈されていた。また外傷についても彼は空想より、事実としての出来事の存在を重視した。当然のことながら、この著作は多くの批判と非難を引き起こした。お互いに中傷し合い、やがてフロイトは彼と別れた。ランクは、フロイトとの関係が悪化する前からニューヨークで分析の指導をおこなっていたが、フロイトとの関係悪化がアメリカでも知られるようになり、多くの分析家が彼から離れていった。また彼から分析を受けたものは再分析を受けることも余儀なくされた。それでも彼はアメリカに移住した。一九三四年のことであった。さらに同じ時期、フロイトが長年、厚い信頼を寄せ、国際精神分析学会の会長も務めたシャーンドル・フェレンツィもまたフロイトと対立して離れ、そして一九三三年にその生涯を閉じた。

そうした一方で、娘のアンナ・フロイトは着実に父親の跡を継ぐための歩みを進めていた。一九二七年に最初の著書『児童分析技法入門』[23]を出版する。フロイトはこの著作について、ザロメに「信じていただけないかもしれませんが、娘の本にはほとんど私の手は入っていません。メラニー・クラインに対する攻撃を削っただけです。それを別にすれば、まったく独立した仕事です」と綴っている。「メラニー・クラインに対する攻撃」というようにアンナ・フロイトはメラニー・クラインの考えに反対だった。そしてそれはウィーンとロンドンの分析家たちの間の論争、「フロイト―クライン論争」へと発展した。

この論争にもう少し触れておこう。当時、メラニー・クラインは一九二五年七月にイギリスでおこなった講義をきっかけに一躍注目を浴びていた。彼女の精神分析家としての才能をいち早く評価したのは、ジョーンズであった。クラインの分析家であったアブラハムが急逝し、ベルリンで孤独だったクラインは、イギリスで講義をおこなったその翌年、イギリスに移住している。イギリスでは、ジョーンズだけではなく、ジョアン・リヴィエール、スーザン・アイザックスが彼女の理論の賛同者となり、さらに友人となって彼女を支えた。そして後にはポーラ・ハイマンもそこに加わった。けれども、アンナ・フロイトは一九二六年にウィーンにて、メラニー・クラインへの批判を含むプレイセラピーについての講義をおこない、その翌年には、インスブルックにて開かれた第十回精神分析学会でその講義の概要を発表した。こうして始まったふたりの論争については、『フロイト―クライン論争 一九四一―四五』[24]（King and Steiner、一九九〇）に詳しく描かれている。しかしながら、アンナ・フロイト以上にクラインを困惑させたのは、娘で精神分析家であったメリッタ・シュミテバーグが、メリッタの分析家であったグラヴァーと共にクラインを攻撃し始めたことだったかもしれない。

この論争は見方を変えれば、精神分析がフロイトからその次の世代へと移りつつあることを示したものでもある。精神分析はフロイトの手から離れ、新たな展開を迎えようとしていた。一方、社会的には ナチ党が勢力を増し、ナチスの迫害を恐れて多くの分析家がウィーンを離れた時代でもあった。一九三三年、ナチスはユダヤ人の本を燃やした。トーマス・マン、アインシュタイン、カフカ、そしてフロイトもその対象だった。フロイトはザロメに「時代は狂っている」と書き送った[21]（一九三三年五月十四日）

矢部八重吉、古澤平作、丸井清泰がフロイトに出会った頃、フロイトやその周辺はこのような状況のもとにあった。フロイトは名声を手に入れ、そして弱っていた。

イギリスでの精神分析の訓練、そしてフロイトとの面会

一九三〇（昭和五）年三月二日午後四時、矢部はベルリンに降り立った。矢部がヨーロッパでどのように精神分析と対面したのかについては矢部による「フロイド先生会見記[25]」（一九三一）で知ることができる。これを参考に解説を加えながらその様子を描き出してみることとしよう。

矢部はベルリンに到着した翌日、さっそく当時の国際精神分析学会会長であったアイティンゴンの

出勤前に彼の自宅へと向かい、午後二時の約束をして別れた。そして約束時間通りの午後二時、ホテルでアイティンゴンと会食した。矢部が分析家の資格を得ようと渡欧した際、会長がアイティンゴンであったことは、注目すべきことであろう。アイティンゴンは先にも述べた通り精神分析家になるための訓練基準、特に自らが精神分析を受ける訓練分析を提案したことで知られる人物である。すなわち彼はどのように精神分析家になるべきかということを考えた人であった。

さらにその翌日、一九三〇年三月四日に、矢部は国際学会ドイツ支部の会合に参加している。午後八時一五分から三十五、六名が集うものだったらしい。会終了後、矢部の紹介がおこなわれたが、矢部は資格を得てから堂々と国際学会に参加して名乗るつもりなので、自分に関する部分については速記録から削除してほしいと願い出ている。まだ分析家の資格を得ていない自分が表に出ることを恥じたのであろう。矢部の慎ましい性格がうかがえるエピソードである。

次の日、矢部はベルリンを発ち、パリに向かった。矢部が特別に関心を寄せていたオットー・ランクに会いたいと思ってのことであった。ところが、居場所が分からず、面会は叶わなかった。よほど会いたかったのだろう。矢部は数日、パリに滞在して探している。先に説明したように、この頃、ランクはフロイトとの関係が悪化し、苦しい状況の最中にあった。遠く離れた日本から来た矢部がそれを知る由もなかったことだろう。ランクの居場所を尋ねても、誰も答えなかったのかもしれない。残念ながら矢部がランクと会うことはなかった。

そして、一九三〇年三月十日、いよいよ精神分析家になるための訓練を受けるべく、ロンドンに到着する。事前に手紙と電話で連絡を取っていたジョーンズとプライベートオフィスで面会した。ジョーンズはロンドンで開業していた精神分析家で、初期の精神分析運動における重要人物のひとりである。英国精神分析協会の設立やロンドン・クリニックの開設など、精神分析の発展に多大な貢献をしたことで知られている。なかでも最大の功績は、フロイトの伝記を書いたことであろう。ジョーンズは当時五十一歳で、矢部と同世代であった。ジョーンズは矢部に、君を分析するのは「一流の人でなくてはならぬ」と言い、グラヴァーを紹介した。当時のイギリスの学会には六十四名の会員がいたが、「一流」とみなされたのはそのうちの六名だったと矢部は書き記している。現在で言うところの、訓練分析家という意味だったのだろうか。そのグラヴァーは、アブラハムから分析を受けた分析家で、彼もまた英国精神分析協会の中心人物のひとりであった。当時は、四十代で矢部よりひとまわりほど年下であった。精神分析の講義はジョーンズが受け持った。

　そうして矢部は昼間に精神分析を受け、夜に精神分析の講義を受けた。ジョーンズの講義は全部で十回で、患者を前にしての臨床講義であったという。グラヴァーによる分析は二十回であった。この二十回というのは、少なくとも数年間、時に十年以上かかることも珍しくない現在の訓練分析の感覚からすると、非常に短く思えるものであろう。しかし当時このような短期分析は珍しいものではなかった。フロイトが一九二〇年代から一九三〇年代にかけてイギリス、スイス、アメリカから訓練を求めてやってきた医者たちを対象に三ヶ月から六ヶ月の訓練分析をおこなっていたことが分かっている。[26]例えば、アメリカ人のスマイリー・ブラントンは一九二九年と一九三〇年にフロイトに分析を受け、一九三五年に短期間でふたたびフロイトの分析を受けている。さらにフロイトの大きな支えとなったことで知られるマリー・ボナパルトもまた、一九二五年に毎日二時間ずつ二ヶ月の短期間分析を希望し、フロイトはそれに応じている。精神分析の訓練についてある程度の枠組が整ってきていたものの、まだまだ流動的な時代であった。

矢部がグラヴァーから受けた訓練分析の様子については、雑誌「精神分析」に寄稿された「グラヴァー氏の個人的印象」[27]（一九三三）に示されている。いくつかのエピソードを紹介してみよう。

矢部が、毎週水曜日におこなわれていた「英国精神分析学会週会」に出席した際のことである。発表に対して饒舌に意見を述べたクラインに対して、突然ペンを投げ捨て批判を始めた青年のことを矢部はとても痛快に感じた。しかしその後、その青年こそが自分の分析をおこなうグラヴァーであったことを知り、矢部は衝撃を受ける。その衝撃の正体は、分析の中でさまざまな素材から明らかになったようである。例えば、矢部はジョーンズの講義の後にグラヴァーから分析を受けていたが、その順番が変更された週の木曜日、月火水とは問題なく通えていたというのに、なぜかその日はグラヴァーの事務所を通り過ぎ、ジョーンズのところに向かっていた自分に気づく。この「行動化」は三日続いて起きた。矢部はそれが陰性転移であることに自ら気づいたという。そうして矢部は、その前の晩にジョーンズから「分析は満足にはかどっていますか」と尋ねられたことを想起し、本当は数年にわたって文通を続けていたジョーンズに自分は分析を受けたかったのであり、グラヴァーに分析を受けたことを不服だと思っていたのだと理解を得ている。それはつまり「自分は一人前の分析者であるのに自分より年小のグラヴァー氏などより分析を受ける必要なし」という無意識の思いであった。矢部はこの一連の出来事を振り返り、「私のナルシシズムが働いておったのである」と記している。この矢部が受けた訓練分析の料金は一回二ギニー、当時の日本円で二十一円、今の日本円に換算するとおよそ一万六千八百円ぐらいであった。*

また、先述した英国支部の水曜日の会合は、矢部の滞在中に六回ほどあったようである。参加者は四十名近くで、そのうち女性が三十名近くを占めていたことに矢部は大変驚いた。さらに矢部はそこでひときわ目立つ女性の精神分析家、クラインと出会った。クラインもまた矢部に関心を持ったようである。矢部はクラインの自宅に招かれ、同僚らとともに前エディプス・コンプレックスについて話し合ったという。その後、ふたりだけで話したいから後日また来てほしいとクラインから言われた、との記述からは矢部がずいぶんと気に入られた様子がうかがえる。一方、矢部はというと、クラインを次のように描写している。

「クライン女史は、四十五、六歳の如何にもドイツ婦人らしく肥った人であって、ビールも飲めば、煙草も喫ふ。なかなか盛んなものである」

矢部がクラインの話をどのように感じたかは書かれていないが、帰国後に書かれた論文「精神分析

---

* 当時のレートは変動が激しく、特に一九三二年に大幅な変動があるため、おおよその目安として計算をおこなった。換算方法としては、日本銀行の企業物価戦前基準指数を用いた。

に対し日本人の示す抵抗」[28]（一九三七）においては、度々クラインを引用し、一九三九年に出版した『思春期の心理解剖』[29]の序章でも、「本書は精神分析学による精神分析技法の創始者として現に広くその名を知られているロンドンのメラニー・クライン女史、メリタ・シュミデベルヒ夫人その他の人たちの実地分析より得られたる資料及び報告に基づ」いたものであることをはっきりと述べている。メリタ・シュミデベルヒ夫人というのは、クラインの娘のことであろう。クラインの娘であるメリッタも矢部と同じく、グラヴァーから分析を受けた。すなわち、彼らは分析における兄弟であった。しかし、クラインとメリッタの仲が険悪になっていったことを彼はどれぐらい知っていたのだろうか。日本でクラインの理論や著作が本格的に広まったのは、戦後しばらく経ってのことである。歴史にもしもはないわけであるが、もし矢部の率いる精神分析グループが今も存続できていたなら、日本の精神分析の発展はまた相当に違ったものになっていたことだろう。

矢部の分析家に対する観察は興味深い。分析家は喫煙家が多く、会合では室内が煙幕に閉ざされるほどであった。矢部はそれはフロイトとの同一化なのだろうと述べ、ジョーンズにいたってはその態度、物腰、接客の様子などフロイトの生き写しのようであったと記している。

フロイトとの面会

こうして矢部はロンドンでの訓練を終えた。欧州の精神分析家たちが講義や分析を通して受けた矢部の印象は良いものだったようである。当初、矢部が分析家になることに慎重な態度を見せていたジヨーンズは態度を変え、会長のアイティンゴンに矢部を推薦した。そしてアイティンゴンはさらにハンガリー支部長であったフェレンツィの承諾をとりつけた。矢部と面会した分析家はいずれも彼の能力を高く評価した記録を残している。例えば、ジョーンズは、フロイトに対して、以下のような手紙を送っている。

あなたはもうすでにお聞きになったかもしれませんが、矢部という名の日本人は、大変有望な団体を日本で設立し、ヨーロッパでの二、三ヶ月の滞在で、精神分析について広く調査をおこなうという日本政府による任務を任されています。彼はグラヴァーと私とともにロンドンで学び、私は彼が並外れて知的であり、博識の人物であると感じました。彼の態度は、終始健全で思いやりに満ちたもので、精神分析についての驚くべき知識を持っています。彼は日本に戻ったら、より若いメンバー数名を、訓練を受けるために私たちの元へ送るつもりだということです。彼自身は、実験心理学における大学の地位をあきらめ、日本の鉄道省で心理学者をしています。彼は英語をかなり上手に話しますが、ドイツ語やフランス語はあまり話せません。彼はもちろん帰国の際にあなたに会うことを熱望していますし、私は彼を強くあなたに薦めたいと思います。[30]（筆者訳）

一九三〇年五月二日、矢部は再びベルリンに到着する。アイティンゴンに面会するためであった。矢部はフロイトとの面会を切望していたが、フロイトは入院中だったため、会見は難しいと言われていた。しかし、五月七日、矢部はベルリンのジンメル博士の邸宅でフロイトと面会することが可能となった。矢部はこの幸運に「天未だ自分にそれほど無情ではなかったと見えて」「永年憧憬し渇仰」してきたフロイトと面談することになったとその喜びを書き綴っている。矢部の興奮が伝わってくる文章をそのまま引用しよう。

彼の室は二階であったが、自分が行くと彼は自分の方から扉を開いて室の外まで自分を出迎え、いきなり私の手を固く握ってその手を離さずに椅子のところまで自分を引き連れていき、自ら椅子を直して私をかけさせてくれた。その微笑の無邪気なこと、その態度のなつかしみのあること、その思いがけず小柄で好々爺であることなど自分は意外の感に打たれたのである。[25]

フロイトは面会の中で、なぜ『快不快原則を超えて』[31]を最初に日本で翻訳出版したのかと矢部に尋ねた。それは「フロイドの著作中でも難解のものとされているのに、それを最初に出すとはチト無謀であろう」というフロイトの危惧からであった。そこで、矢部は「我々の仲間の仕事としては大槻憲二氏著『夢の解釈』が第一に出たのであるが、今度の行に私は同書を持参するのを忘れ、『快不快原則を超えて』のみを持参し、それをこの前アイティンゴンに会った時に渡したので、こういう話になって来たのである」[25]と説明している。そのように矢部はこの出来事を単純に誤解だと説明しているが、矢部がなぜ自分の翻訳したものでもない『快不快原則を超えて』(対馬完治訳)を持参したかという理由は、実際の本を見ると明らかである。その本の後半には、八十ページを越す矢部八重吉の精神分析の解説が附録として掲載されているのである。[31] フロイトが日本語を読める訳ではなかったが、矢部がどの巻よりも、その本をフロイトに渡したかったのは当然のことであろう。さらに矢部が『快不快原則を超えて』で述べられている死の本能について、生死同一説は仏教の思想で、仏教が国民思想に浸透している日本においては、その理解は容易で死の本能説に賛同する日本人がたくさんいることを伝えたところ、フロイトは非常に喜び、隣室のアンナを呼んだというエピソードが記されている。先に述べた通り、当時フロイトは、『文化の中の居心地悪さ』の出版以来、「死の本能」をめぐって少なくない批判を浴びていた。フロイトはそれがひどい社会情勢や自身の体調の悪化による悲観的な思いの投影ではなく、人類の根源的な問題であることを主張していたが、それはなかなか受け入れられなかった。そこに図らずも、遠い国から訪れたひとりの男がよく分かると述べ、日本には多くの賛同者がいることを伝えたのである。フロイトが思ってもみなかった形で、人間の本質だという主張に強力な味方を得て、フロイトは心強く思ったのではないだろうか。

また、矢部は、アンナ・フロイトについて「誠に質素な様子」であったとも描写している。フロイトとの面会は盛り上がり、三十分の予定が一時間以上に延びた。別れ際、フロイトは矢部の頼みに快く応じ、写真にサインをしてから、帰国したら矢部の写真を送ってほしいと言い、「自室の壁間に掲げて朝夕眺めるであろう」と伝えた。矢部は帰国してすぐに矢部とその仲間たちの写真を送った。

そのようにしてフロイトと面会したその日の午後、矢部は精神分析家の資格証明書を受け取った。

翌日には帰国の途に着き、五月二十三日午後八時、東京駅に到着した。こうして、日本に精神分析家が誕生したのである。

帰国した矢部は鉄道省を辞めて、「国際精神分析学会日本支部分析寮」を開業した。場所は東京市大井之元町八二五であった。玄関先には「国際精神分析学会日本支部」の看板が掲げられ、中は長い廊下や洗面所等がある和洋折衷のアパート風だったそうである。[32] 矢部がおこなっていた具体的な臨床については後述するが、臨床に取り組む一方で、「東京精神分析学院」という出版社を作り、そこから精神分析学講座という冊子を出版するなど、精神分析の実践と教育に精力的に取り組んでいった。矢部が日本で設立した団体はＩＰＡによって承認され、アイティンゴンは、矢部の設立した日本支部を次のように紹介している。

彼らは、フロイトの著作を翻訳しているところであり、精神分析の理論と技法の綿密な研究のために集まり、一般市民にはその知識を講義のコースや私がここに言及した翻訳という手段で広めるべくあらゆる努力をつくしている。一九三〇年の春、矢部氏はアーネスト・ジョーンズと勉強するために英国に数ヶ月滞在し、その後、ベルリンにいた私を訪ねてきた。彼らは驚くべきやり方で、私たちの実践と研究の主要なセンターからこれほどまでに遠く離れたところであっても、精神分析の理解と実施を並外れた程度にまでマスターすることが可能であることを示したのである。[33]

三　矢部の精神分析臨床

矢部八重吉の臨床

矢部は日本で初めての精神分析家であるが、それと同時におそらく初めて精神分析を受けた日本人である。さらに矢部は、日本で初めて精神分析家として開業した人でもあった。先述したように、矢部は分析家の資格を得て帰国した後、東京で開業した。雑誌「精神分析」には、古澤の「精神分析学診療所」の広告の隣に「精神分析治療應需　国際精神分析学会日本支部分析寮（入寮分析受療の便あり）」という広告が掲載されている（図5）。特徴的だったのは、寮を備え、入寮して毎日分析をおこなうというスタイルをとったことである。また、フロイトは『素人分析の問題』[34]（一九二七）において、身体症状を持つ患者をみる場合には、分析家は患者との間で転移の関係があるために身体を診察することは控えた方がよく、さらに精神分析家の関心は心理的なものに向けられているので、先入観で見てしまうのを避けるために、分析家が医師であっても他の医師に紹介することを勧めている。現在でもこの考えは受け継がれ、医療的な行為をおこなう必要が

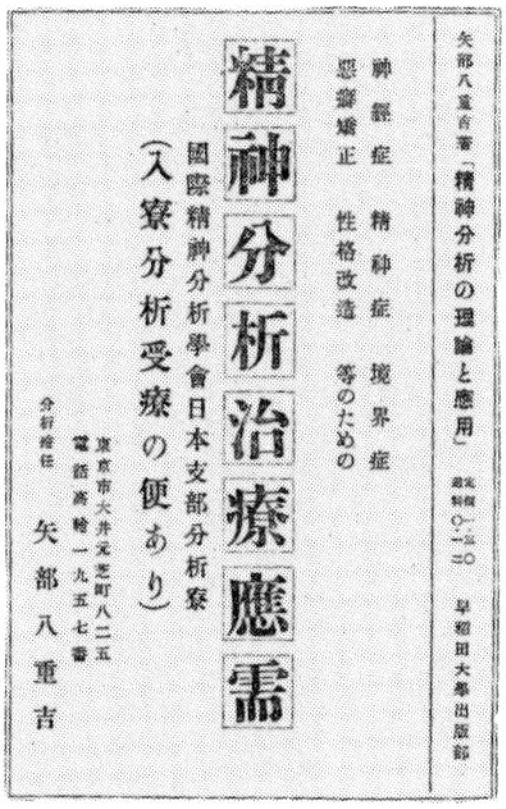

図5　雑誌「精神分析」に掲載された国際精神分析学会日本支部分析寮の広告

ある患者の場合には、身体を診る管理医を立て、管理医と協力しながら精神分析をおこなうことが通例である。矢部もこのフロイトの教えを守っていたのだろう。医療的処置が必要な人については、日本支部の書記である医師の対馬完治に協力を仰ぎ、管理医になってもらっていたようである。

矢部による事例研究はそれほど多くはないが、この時代のもののなかでは飛び抜けて面白い。精神分析の本質を理解していたのであろう。解釈には古めかしいところもあるが、そこで切り取られ、報告される臨床過程の描写は現代にも十分通用するものである。

睡眠恐怖症の患者

最初に紹介するのは、雑誌「精神分析」に掲載された「睡眠恐怖症の分析」[35]（一九三四）である。不眠を主訴に三ヶ月の入院治療をしたが、退院から二週間後に急に不安に襲われて来談したケースである。退院してから眠れるようにはなったが、その分、不安と「取越苦労」が以前の数倍に増したというのである。患者は四十九歳の男性で、ある地方で織物業を営んでおり、東京に支店も有していたというからには、経済的にはゆとりがある人だったのだろう。一ヶ月間、東京に滞在し、分析を受けることにしたという。患者は分析開始時には夢を見ないと言い張っていたが、八回目に夢を語った。夢とその連想を含めた逐語のやり取りが掲載されているので、そのまま抜き出してみよう［夢、連想、答は患者によるもので、問は矢部によるものである］。

夢一：

自分は二三の友人と川縁を歩んでいる。川は非常に高い険しい崖下を流れている。狭い橋に達した。自分はそれを渡ろうとしたが、友人たちは反対した。対岸は美しい景色の野原らしい。（自分等の歩んでおった川は人家に沿うている）。その光景は既に親熟の感 déjà vu ［デジャブ］がある。

連想：郷里の村外れに川がある。それは隣村との境である。子供の時に橋を渡って対岸に行くのを恐れた。そこには悪い子供がいて、虐めるからだ。三里ばかり隔った母の郷里の村の外れに直径七八町ばかりの沼がある。そこには菱《ヒシ》［ヒシ科の水草、食用になる］が沢山生えている。六、七歳の頃、同じ年配の友達と菱取りに行った。船を非常に怖がったためどうしても乗るまいとしたが、その時は乗らなければならなかった。記憶に残っている所では、舟というものに乗ったのはこの時が初めてだったろう。怖々ながら乗り込んで五六間岸を隔たった時、友達は舟を動かすために差した棹が水底深くくいこんで抜けなくなったのに気づいて、一生懸命抜こうとしているうち、舟は段々と動いていってとうとう棹を放してしまった。この時は二人とも非常に心細くなってとうとう泣き出した。しばらくして大人が漕いできた舟が近よって、棹を拾ってくれた。

問い：船旅をなさったことがあるか。

答え：舟は嫌だからかなり避けている。一度どうしても避けられない事があった。それは満州へ商用で出かけなければならなかった事だ。確か五年ほど前でした。下関から乗船した。同伴者が三人あったが船が陸地を遠ざかるに従い段々心細さと寂しさを強く感じた。
問い：その頃不眠に悩まされたことがあるか
答え：日本へ帰って間も無くでした。不眠を感じ始めたのは。
問い：船中での感想又は空想の様なものがあったらお話し下さい。
答え：そうです。馬鹿馬鹿しい考えでしたが、もし天災か何かあって船が皆殺されてしまうか。または海上に異変があって帰れないようになったらどうだろうという様なことを空想して、おちおち眠れなかった。

患者は十回目に来なかった。すなわちキャンセルした。患者は、そのキャンセルについて、前日は前の医者の所に行く日だったたが、そちらに行くと分析時間には間に合わないため、どちらにするか決まらず、昨晩は眠れなかったのだと説明した。矢部は括弧書きで、（前の医師への積極転移が未だ解けていない）と書いている。そして、矢部は患者が遺言書を書いているかどうかを尋ねた。患者は肯定し、遺言書を書いて家族のものにも日頃からよく言い聞かせていると話す。ここで矢部が唐突とも思えるような、遺言書についての質問をおこなったことは興味深い。矢部の臨床的なセンスの良さがうかがえる場面である。この問いが、患者の無意識に触れたのであろう。翌日、患者は次のような夢を持ってきている。

夢二：

自分は死んでいるようである。家族親戚の者達が集まって何か相談しているらしい、医者のような坊さんのような人がいる。自分はその人に言った。まだ死に切っていないから、もう少し飲ましてくれと。

連想：「もう少し飲ましてくれ」前の医者は不眠の時飲む様にと頓服薬をくれた。が、これは大してきかないから、もう少し量を増やしてくれと頼んだら、頓服はなるべくやらない方がよいと言って、頼みを容れなかった。

問い：その後引き続いて頓服薬を用いていらっしゃるか。

答え：もうやめました。きかないばかりでなく、かえって悪い様ですから。

連想：「家族、親戚の者達が集まって何か相談」しているらしい。自分は外の人が皆起きている内に自分だけ就床すると眠りつきが好い。子供の時に、朝、目を覚ました時に母や姉が台所で仕事をしている、その音を聞きながらうつらうつらしている気持ちは実に何度も言われない心持好さだった。

問い：現在あなたはどういう風にして、就眠をされるのか。

答え：自分は十畳の間の中央に床をのべて、家族の人たちを周りに臥さして寝ると落ち着いて眠れるので、そうしている。

なんと奇妙な光景であろうか。患者は、毎晩、家族に囲まれるようにして床に就いていたのである。ベッドではこうはいかないだろう。日本の畳敷きの和室ならではの光景である。矢部の患者の理解は次のようなものである。患者は死を恐れているために睡眠を恐れている。死を恐れるのは、死の願望すなわち胎内憧憬を持つからであり、患者は睡眠と死を同一化している。「眠るは死すなり」「すなわち不眠は死の恐れに対する防衛である」と矢部は言う。夢に出てくるさまざまなモチーフの意味も読み解いている。例えば、川は三途の川、対岸にある美しい野原は極楽浄土（胎内憧憬）であり、親熟の感、デジャブはそのような胎内瞑想によるものだからだと考えている。さらに棹を失って心細い頼りない捨小舟は出産を意味するもので、すなわち分離の表現だと言う。そして、十畳の間の中央に自分の床を並べ、家族のものに囲まれて就寝するのは、「臨終の場面だ」と言うのである。「この症候行為により、患者は毎夜臨終を繰返すのである」と。見事な解釈ではなかろうか。

すなわち矢部は眠れない患者の背景に死の本能があると読み解いている。ここで思い出されるのは、フロイトに死の本能への親和性を語っていた矢部の姿である。患者を理解する上でも重要な概念になっていったのだろう。そうした思いが、死の本能を重視したクラインの理論への傾倒につながったのかもしれない。最後に矢部は、心理的な要因による不眠は薬物療法の効果は乏しく、効果が乏しいだけではなく、薬物の効果がある場合には不眠という防衛を破ってしまうことになるので、かえってこの患者のように不安を高めることになるだろうと結んでいる。

ただし問題としてはどうして、この患者が死の願望を持つことになったのか、人類がみな死の本能を抱えるとしても、なぜこの患者にとってそれが問題になったのか、というところかと思われるが、残念ながらその点についての説明はない。生育歴やまとまった病歴も描かれていないので、推測することも難しい。また死の本能からの矢部の理解は、当然、解釈として患者に伝えられたことと思われるが、患者はどのように反応したのだろうか。そして一年で患者はどうなったのか。知りたいところである。

しかしこういった疑問点はいくつかあるものの、この詳細なやり取りからは、連想を丁寧に扱う姿勢が感じられ、何を視点に矢部が患者を理解していたのかということがよく伝わってくる。さらに矢部の質問は鋭く、深い精神分析的理解を持って話を聞いていたことがよく分かる。患者もまた、夢を見ないと言っていたのが嘘のように、興味深い夢を披露しており、そこからの連想も豊かである。臨床をおこなう人は分かるであろうが、患者がこのように自由に語れるようになるのは難しいもので、患者の能力もあるが、治療者の力量によるところが大きい。十回前後でこのようなやり取りができているのは驚くべきことである。そして何より死の本能という視点からこの症例を捉えたところにこの論考の意義があるのだろう。

このように夢とその連想、そしてそこからの矢部の理解を述べるという事例報告のスタイルは、矢部の特徴であり、後述する他の臨床家たちの事例報告と異なるところである。次により詳しく報告された終結症例を見ることにしよう。

身体症状の改善と左翼思想の改変

著書『精神分析の理論と応用』[36]（一九三二）で「分析の一例」として紹介された事例である。立木一郎（仮名）は、二十三歳の商家の跡取り息子である。知的にはかなり高い人だったようで、マルキシズムやフロイトの著書を読破していたと書かれている。分析は分析寮における入寮患者として、日曜日も含む、毎日一回、三ヶ月余りに渡り、全九十七回で終了している。日曜日も含めた毎日、精神分析をおこなっていたというのは驚きである。先に紹介した症例もそうだったのだろうか。遠方からの入院患者であるため、少しでも多くの時間、精神分析をおこなうための設定でもあったのかもしれない。矢部によるとこの事例は、病的分析と性格分析を兼ねたものであり、心悸亢進、頭重の感などの身体症状の解消とともに、「反社会的心持ち、すなわち左翼思想の改善」がおこなわれたという。治療経過としては、動悸、右足の冷感、頭重感などといった身体症状は二十回で治り、そこから「性格分析」へと移って、左翼思想についての無意識の理解に触れたと記されている。左翼思想が精神分析の対象になるというのは、当時の日本の時代背景を色濃く反映していることだろう。一九二五年に治安維持法が制定され、左翼思想への弾圧や粛清はますます強いものとなっていた。またそれだけではなく、詳しくは後述するが、矢部自身が右翼思想へと傾いていたことも、左翼思想を病理として捉えることに影響していたと思われる。矢部は左翼思想の動因を、トーテムとタブーにおける未開人の父子闘争になぞらえ、父親との葛藤にその根源があると考えた。それが立木青年の分析で得られた夢で証明できるとしている。報告された夢は全部で九つに及び、連想や矢部の問い、患者からの答え、そしてそれについての矢部の〝解釈〟が続く。それでは、事例報告の中から夢の部分を中心に抜き出してみることとしよう。

夢一

父が大きな木の下に倒れて死んでいる。親戚らしい人が大勢傍に立って笑っている。自分はこんな場合に笑っているとは怪しからぬと怒った。自分は意気揚々と母の所へ去っていった。父の死骸がまないたの上に載っている。左翼運動の首領らしい人がやってきた。自分は彼と父の室で談話した。父は不在だった。

問い：父が死骸となって横たわっている傍で、笑っていた人々を見て怒った君が意気揚々と母の所へ走っていったという心持ちはどういうものであったか？
答え：自分には合点がゆかない。がとにかく夢では確かにそういう心持ちが起こった。
問い：まないたの上に乗せるということでどういう事を思いますか？
答え：屍ということを思い出す。
問い：左翼運動の首領と父の室で談話していた時に父は不在だったと言われたが、不在ということでどういうことを思い出すか？

答え：もう帰ってこないんだという考えが浮かぶ。

解釈：前記の夢には無意識裡の心の深い層と、遠い我々祖先からの種が含まれていることが解る。すなわち祖先崇拝教に先立った動物崇拝教の残跡が認められる。かつて太古においては、父に対する男の子の反逆は兄弟同盟して現実に父殺しを敢行し、父権を奪ったのであった。が、その後父に対する暴戻《ぼうれい》な行為の反動として懺悔、罪感が現れ、反心は服従と変わり、憎悪は愛敬となって示されることとなった。が、反動として現われた懺悔、罪感、呼び起こされた服従心と愛敬の念は、反心、憎悪を全く打ち消す力に乏しく、これを抑圧して無意識裡の心のうちに鎖込めただけである。無意識裡のものとなった心の働きは、甲のものから乙のものへと転移しやすくなる。かくして我々の祖先は父に対する反心と憎悪とを動物に転移し（塗りつけ）、これに背き、これを憎むことによって父の代償、すなわち身代わりとして動物を採る事とした。が、本源的に父に対して有した憎悪は、その後、その反動として発するに至った愛敬とともに、これを父に向けるのみでなく、また動物にも向ける事となった。その後動物は父の完全なる身代わりとして憎悪の的であると同時に、また愛敬の的となったのである。これ動物崇拝の発端である。動物崇拝が一代の祖先である父、累代の父である祖先の崇拝と変わったのはこの由緒《いはれ》からであろう。現に我国における動物崇拝の遺跡は氏神を祀る事であろう。氏神の神体は大概動物であるか、または動物がそれに附物となっている。

この解説はフロイトの『トーテムとタブー』[37]によるものであろう。フロイトはオーストラリアの先住民がおこなっているトーテミズムを取り上げて、父親への両価的な思いや近親姦のタブーといったエディプス・コンプレックスにまつわる問題がいかに人類の起源にまで遡ることのできる原始的でかつ人類に共通したものかということを大胆な仮説の下に壮大なスケールで論じた。矢部は立木青年の父親殺しの夢にこれを当てはめたのである。すなわち、父親の死骸の傍で笑っているのはもちろん親戚ではなく、立木青年自身であろう。そしてそれを見て怒っているのも、また意気揚々と母親の元に行ったのも立木青年であり、そこには父親への両価的な思いがよく表れているということである。

夢二

野球をやっている。彼は選手であるような気もすればまた選手でないような気もする。

夢三

修学旅行中父の郷里に立ち寄る。一学友と共に旅館を探す。なかなか見当たらない。向こうから白のユニホームを着た野球の選手が来る。これに会うのが嫌で道を避けた。

連想：自分は野球の選手になりたかったが、身体が悪いのでやめた。

問い：夢で野球の選手に会うのが嫌で道を避けた、という気持ちは、どういう場合に起こる気持ちに似ているか?
答え:それは仲間を裏切った時のような気持ちであった。
解釈:夢は願望の現実であるとの原則に基づくと、仲間を裏切りたい願望が前記の夢の内に現れているのを認めざるを得ない。被分析者は確かに同性愛を裏切りたいのである。が、その決意ができないで、いわゆる煮え切らないのである。それはどういう訳かというに、同性愛を裏切らす力を持つものは異性愛である。異性愛の展開が妨げられているからである。

夢四
小学時代らしい。同年輩の学友十人ほど集まって兵隊ごっこをしている。銃の代わりに傘をもっていた。女乞食に出会った。

連想からの記憶:八九才頃、寺の境内で友人と相撲をとった事がある。住職から叱られるがなかなか止めない。そこで住職は怒ってガラスの破片をまいた。足を怪我するのを恐れて相撲を止めた。またその頃よく子供を連れた女乞食に寺の付近で出会った。
解説:足は男の性器を象徴する。足を怪我するのは去勢に当たる。事実、被分析者は足底をガラスの破片で傷つけた事もあり、また川を遊泳中、くるぶしを怪我した事もあった。夫人の膣の中にはガラスの破片か、刃物の様なものがある様な気がして性交が恐ろしい。遊郭に行って一度、硬性下疳(注)

にかかったことがあった。夢は竹馬の友、すなわち同性愛で結びついている同志を現している。

ここで矢部はエディプス・コンプレックスという言葉を使わずに、異性愛の展開が妨げられている同性愛の状態であるとの理解を示す。そして、被分析者が同性愛者になった原因は去勢不安であり、女性への恐怖があるからだと考えている。さらに夢から理解されるのは、その去勢をおこなうのが、父親であり、住職は父の代わりで、ガラスをまいたのは、象徴的去勢なのだと解説している。

もし現代的な解釈をするのであれば、この夢が患者と治療者すなわち矢部との関係を表しているとみなすこともできるだろう。すなわち、野球も相撲も分析のことであり、矢部に解釈というガラスの破片をまかれ、去勢されるという恐れだというように考えることもできる。さらに、子供を連れた女乞食は、夢一の母親にもつながり、銃ではなく傘というように、父親からの去勢という話から、女性性器による去勢、すなわち父親ではなく母親からの去勢という話へ変化したと考えることもできるかもしれない。

夢五

小学時代の学友十人ほどの仲間に入って、二列になって歩んでいる。皆竹棒のようなものを持っている。自分の棒だけは長くて竿のようだ。そして上の方が接《つが》れて、頂きが二叉になっている。

連想：自分は包茎である。友人の性器と比較してみると違っているところがあるのを非常に気にした。
解説：矢部は夢は劣等感とそれに対する過剰な補塡の表現だと考えた。しかし、完全に補塡できていないのは、「上の方がつがれて」いるところから明らかで、無意識には劣等感があり、それが全くごまかしきれていないという。さらに二又は、補塡作用の現れでもあり、性愛の二種、同性愛と他性愛の間に迷う心の葛藤を現しているのだとも考えている。

夢六
チョン髷を結うと女である様な気がする。子供の時よく女と遊んだ。小便をする時しゃがんでしようとして母に叱られた。小学校に入る前「お前は学校へあがるのだからもう女の子と遊ぶんでいないよ」と母に言い聞かされて嫌な気がした。

注釈：この夢は婦人と同一化、すなわち婦人を真似ようとする動機を表している。女と遊ぶ事を禁ぜられて不快を感じたのは、やがて異性（女）を避け同性に対し親しみを持つべき動員がまかれ、思春期到来に際して無意識裡にある異性に対する性愛が、その抑圧を破って再び意識の面に出ようとする時に、それに禁圧が加えられ、異性愛を充分に発揮する事が出来ないのである。

夢七：自分は群衆の面前に立っている。ふと気がついてみると、自分の頭はぐりぐりに剃ってある。

注釈：夢は願望の現実であると言う原則に従えば、これ明らかに去勢願望を現している。なお被分析者の被虐性は次の夢で示されている。

夢八

郷里の家を出て外を歩む。隣家との境にある路地を覗くと子供が打たれている。

連想：打たれている子供は自分のような気がする。

夢九

多数の群衆が海岸にいる。泳いでいるものもたくさんあった。が、皆、岸近くであった。自分と他に二三の人等は遠い沖の方で泳いでいた。

連想：自分は仲間はずれをする事が嫌だった。が、時とすると自分から仲間はずれをしたいような気が起こることもあった。これは何か不平に感じる事があると強く起こる。七、八歳頃にこんな事があった。父に伴われて親戚の家に招かれて行った。多分法事かお祭りの時だったろうと思う。座敷にご馳走の膳が並べられてあった。自分は父の傍へ座ろうとしたところ、「子供はあちらへ行くんだ」と言われて座がしいてあった縁側の方へだされてしまった。そこで二三人の子供と一緒に夕食を食べた。この時の懐かしさ（人前で恥をかかされた）と不平とは深かった。これから後は大人と一緒にいるのが嫌になった。

矢部は夢九を、左翼思想を理解するものとして捉えている。患者の中には、世の中のどこかに自由に享楽している大人がいて、この享楽を子供達に禁じている成熟者がいるという空想がある。それによって、社会にいわゆる特殊階級者がいて、その階級以外のものを排除し、その特権、追楽を妨害しているという左翼思想が出来上がるというのである。矢部は、子どもは誰もが成長すれば、大人の仲間入りができ、大人の享楽に参加できるわけだが、この患者のように「子ども時代の心の働きに定着が起きている」と、すなわち幼少期の固着があると、そのように思うことが難しくなり、左翼思想に陥るのだと考えている。そして、精神分析はそのような固着を解消するものだと述べているのである。

このように矢部の理解は、フロイトに基づくものである。現代的な視点から考えてみるならば、患者は一貫して、自分が集団の中に馴染めない違和感を訴えていると捉えることもできる。それは竹棒＝ペニスに象徴されるような、男性性をめぐっての違和感で、父親に近づきたくても追い出されてしまうように、死んだ父親を笑う親戚にもなれない、バッド＝ペニスを振り回す野球選手にもなれない。そして、その違和感は、社会的な少数派であるという、沖の方で泳ぐような疎外感や群衆の面前で坊主頭を晒しているというような恥の感覚を生み出し、さらに言えば矢部の前で、左翼思想を持つ彼は去勢され続け、恥をかいているという状況を生み出すことになっていたと考えることもできるかもしれない。こうした現代的理解をも見出すことができるのは患者の夢と連想の豊かさゆえである。

特に夢四における連想から幼少期の記憶が想起され、寺の境内で友人と相撲をとり、住職がガラスの破片をまくのでやめたというエピソードが語られた後に、膣の中に刃物があるという空想にもとづく性交恐怖の話へとつながるくだりは、分析の深まりを感じさせる展開で興味深い。一九三〇年代の日本で、このような濃密な精神分析がおこなわれていたということは、驚嘆に値することであろう。

四　国際精神分析学会日本支部について

日本支部の会員と活動内容

そのような臨床の一方で、矢部が力を注いだのは、日本の精神分析組織を育てていくことであった。矢部がＩＰＡの許可を受け、設立した日本支部とは一体、どのようなものだったのだろうか。日本支部がＩＰＡに提出していた名簿と活動報告の資料から詳しく見ていくことにしよう。

表1は、資料をもとに会員名簿をまとめたものである。表で用いた名簿資料は、日本支部（後の東京支部）の名簿が確認できた一九三一年から一九三九年までの記録である。[38-46] 英文で提出された書類であるため、人物が特定できたものについては、日本語で表記している。各会員の情報や動向については、以下に整理しながら示すこととしよう。

表1　東京支部会員

	1931	1933	1935	1937	1939
	日本支部	日本支部	東京支部	東京支部	東京支部
会長 書記	矢部八重吉 対馬完治	矢部八重吉 対馬完治	矢部八重吉 対馬完治	矢部八重吉 対馬完治	矢部八重吉 対馬完治
会員	浅羽武一 馬渡一得 長田秀雄 大槻憲二	浅羽武一 馬渡一得 那須章彌 Sekiguchi, Dr. Saburo 芝川又太郎	浅羽武一 岩堂保 長崎文治 Sekiguchi, Dr. Saburo 芝川又太郎	浅羽武一 長崎文治 Sekiguchi, Dr. Saburo 芝川又太郎 若宮卯之助	浅羽武一 長崎文治 Sekiguchi, Dr. Saburo 芝川又太郎 Tomura, Yomyo
準会員			斎藤長利 Toda, Sueo Yabe, Nada-Mitsu (Tsutomu Tago)	Toda, Sueo Yabe, Nada-Mitsu	Toda, Sueo Yabe, Nada-Mitsu

発表された初代のメンバーは浅羽武一、馬渡《まわたり》一得《いっとく》、長田《ながた》秀雄、大槻憲二、対馬完治、矢部八重吉の六名であった。簡単に紹介すると、浅羽武一は、岡山市の熊谷病院の医師であり、馬渡一得は鉄道省に勤務していた産業医で、後に東洋女子短期大学初代学長となった人物である。長田秀雄は詩人であり、劇作家として知られている。大槻憲二は、この時代の精神分析における中心人物のひとりであるが、東京精神分析研究所を矢部とともに設立し、雑誌「精神分析」の発行、春陽堂のフロイド全集をはじめ、数多くの精神分析に関する書籍を出版した。詳しくは三章で述べることとする。対馬完治は、内科、小児科の病院を開業していた医師で、矢部八重吉の症例の管理医としても、また日本支部の書記としても矢部八重吉を支えた人である。また、短歌結社「地上」で活躍した歌人としてもその名を知られ、『蜂の巣』などの歌

集も出版している。

二年後の一九三三年の報告では、メンバーの入れ替わりがみられる。まず長田秀雄と大槻憲二の名前が消え、新たに那須章彌、芝川又太郎、Sekiguchi Saburo の三名が会員となった。以降、大槻はIPAの会員としては登録されていない。那須は川崎鉄鋼工場のエンジニア、芝川は医師であった。

一九三五年からの報告は、これまでと大きな違いが見られる。丸井清泰が日本支部とは別に仙台支部を設立したため、それに伴い日本支部は東京支部と名称を変更したからである［本書では区別のつきにくい箇所について便宜的に矢部が設立した日本支部を日本支部（東京支部）とし、後に丸井清泰が改名する日本支部を日本支部（仙台支部）と表記する］。それ以降、日本は東京支部と仙台支部の二つの支部から報告がおこなわれることとなった。

一九三四年の報告として対馬が作成した報告書[45]には、矢部がおこなっていた研究会が紹介されている。それは、毎週水曜日の七時から、十五名から二十名が参加していたという。矢部がイギリスで参加した「毎週水曜日におこなわれていた会合」を彷彿とさせるものである。研究会では、フロイト、ジョーンズ、フェレンツィ、アブラハムの論文を読み、議論しているとの報告がある。加えて、火曜日の七時からは、矢部の自宅で性格分析を受けている人たちからなる、もうひとつの研究会をおこなっていたとの報告もある。性格分析というのは、現在の訓練分析のことと思われるが、こちらには十人から二十人の参加者がいたようである。

東京支部における一九三五年の会員の動向としては、分析を受けて準会員に選ばれたものとして斎藤長利、Sueo Toda、Nada-mitsu Yabe という三名の名前が挙げられているが、一九三四年の対馬の報告書には、準会員として Tsutomu Tago という名前もあった。斎藤長利は、浦和高校（旧制）の学生、Tsutomu Tago は昭和医学専門学校の卒業生、Nada-mitsu Yabe は、立教大学の卒業生と書かれているところからは、若い人たちを育てようとしていたことがうかがえ、ジョーンズとの約束を果たそうとしていたようにも思える。正会員の中では那須章彌と馬渡一得の名前が消え、新たに岩堂保と長崎文治が会員となっている。岩堂保は、元ジャパンタイムスの記者であり、英語教育に関する本の出版や翻訳家として活動をおこなっていた人物である。長崎文治は、東洋大学印度哲学科出身で、雑誌「精神分析」において最初のフロイド賞を受賞している。

この準会員が記された報告から明らかになるのは、矢部が設立した東京支部には、精神分析家になるための「分析を受けて選ばれる」という訓練システムがあったということである。これについては、一九三四年の「精神分析」でのインタビューの中で矢部は「(日本支部の会員は) 僕が分析して指導したのだ」[46]という発言をおこなっていることからも分かる。さらにこのインタビューの中で矢部は「僕が（国際精神分析学会の）支部長であると名乗るのを遠慮しろという人がいる」と苦言を呈した上で、国際学会の会員として認められたかったら「国際学会規定の手続きを踏まなくては駄目だ」と主張している。すなわち、矢部は国際精神分析学会の手続きに沿った訓練システムをおこなって日本の精神分析家を育てていた。

一九三七年、東京支部からは岩堂保の名前が消え、新たに若宮卯之助《うのすけ》が加入する。一九三八年にはメンバー変更のみの報告がおこなわれ、東京は、Tomura, Yomyoが、仙台は新田目五郎《あらためごろう》が新しく会員となったことが報告されている。一九三九年の会員名簿からは、若宮卯之助の名前が消えている。一九四〇年は、第二次世界大戦の影響と思われるが、東京支部も仙台支部も連絡のない支部として名前があがっている。一九四一年は、仙台支部の報告は認められるが、東京支部からの報告はなかった。続く一九四二年も東京支部からの連絡はないままであった。

東京支部の消滅

こうして着々と日本の精神分析運動を推し進めていたかのように見えた矢部と日本支部（東京支部）は、その後、消滅してしまった。なぜだったのだろうか。その問題を考えるために日本支部（東京支部）の会員たちと彼らが生きた時代の様相をより詳しく見ていくことにしよう。

日本支部（東京支部）の会員を通観すると、おそらく鉄道省時代のつながりから会員になったのではないかと思える人物が目につく。鉄道省に勤務していた大槻憲二、鉄道省の産業医だった馬渡一得、そしてエンジニアの那須章彌と斎藤長利である。実は、先述した矢部が帰国した直後の座談会の企画に尽力し、司会をおこなったのはエンジニアの那須章彌であった。この座談会の聴衆の中にはすでに矢部から精神分析を受けていた人も参加していたのだが、それに対して「まだその勇気がない」と発言していたのが那須だった。その後、分析を受けたのであろう。その二年後に那須はめでたく分析家としてＩＰＡに登録されている。しかしその翌年に那須は拳銃自殺をとげた。この出来事は、当時の新聞でも報じられ、工学系のいくつかの雑誌では追悼文が掲載されている[47]。それによると、那須は東京大学土木工学科の出身で、小さな個人会社だった川崎鉄鋼を育て上げ、「川崎鉄鋼の事実上の創設者であり、経営者」として知られた人物であった。しかし、那須を拾い上げた社長が亡くなり、後を継いだ長男も亡くなって、実権が移った社長夫人と経営方針をめぐってトラブルとなり、「極度の神経衰弱に」かかって自宅にて自殺を図ったのであった。

そして、東京支部の会員にはもうひとり、正会員になってすぐに命を落としたものがいる。一九三七年の報告に名前が上がる若宮卯之助である。若宮は翌年の一九三八年に病死している。この若宮卯之助は、国粋主義を唱えた社会学者であり、原理日本社という極右団体のメンバーであった。原理日本は、天皇が神であり、国家であり、絶対存在の主権者だとする天皇主権の思想を支持し、慶応大学教授の蓑田胸喜《みのだむねき》を中心として設立された団体である。極端な国粋主義的右翼思想を主張し、それに反するものを徹底的に糾弾したことで知られている。京都大学教授であった瀧川幸辰《ゆきとき》が大学を追放されることとなった滝川事件や美濃部達吉を辞職に追い込んだ天皇機関説事件などは、原理日本が関与した事件である。若宮は慶応大学の社会学の教授であり、晩年の一九三五年には原理日本と袂を分かったものの、その後も変わらず国粋主義思想を訴え続けた。また若宮は、反ユダヤ主義を唱えていたことも知られており、なぜそのような人物がユダヤ人の創った精神分析を学ぶことになったのかは謎である。

このような国粋主義思想の高まりは、もちろん日本が戦争状態にあったことと無関係ではない。愛国心を促し、好戦的気分を高める必要が国にはあった。この時代を語り、考える上で、戦争の影響について考えないわけにはいかないだろう。日本の精神分析史において戦争の影響は見落とされてきたように思える。かつては精神分析の中心地として隆盛をきわめたドイツもまた戦争によって大きな打撃を受けた国である。ユダヤ人の分析家は協会からの離脱を余儀なくされ、ユダヤ人ではない分析家もナチスの考えに沿った心理療法をおこなうことを強いられるなど、ドイツの精神分析の発展は著しく阻害された。これらについては、いくつかの論文がまとめられ、その歴史が省みられているが[48]、日本では戦争と精神分析についてのそのような振り返りはおこなわれていない。社会と精神分析の関係を考えていく上でも、この点については、今後さらなる研究が必要であろう。ここではその問題を考えるための一片を示したい。

ちょうど、日本支部が成立した翌年の一九三一年、満州事変が起きる。ここから日本はいわゆる十五年戦争と言われる戦争状態に突入していく。そして一九三九年、ドイツ軍がポーランドへ侵攻し、第二次世界大戦が始まると、そこから日本はいよいよ苦しい状況へと追い込まれていくこととなる。大槻が「全エネルギー」と「全財産」を注ぎ込んで発行していた雑誌「精神分析」も一九四一年四月一日に廃刊となった。その経緯は、東京精神分析学研究所報の「雑誌『精神分析』廃刊の辞[49]」にも詳しく記されているが、これは戦時下における出版、言論活動の規制によるものであった。一九三七年以降、この規制は徐々に厳しくなり、一九四〇年には情報局による日本出版文化協会が設立され、その査定に合格しなければ用紙が配給されなくなった。それは事実上、出版の自由が失われ、出版や言論が国の管理下に置かれたことを意味した。雑誌は次々と統廃合に追いやられ、タイトルも敵性語が禁止され、変更させられることを余儀なくされた。

失うものの多い時代であった。東京支部の会員名簿の中には、一九三七年から「Yabe, Nada-Mitsu」という名前が認められるが、住所が矢部と同じであることからも、矢部の息子ではないかと推測される。しかし、彼は準会員のまま、その後の消息は分からない。出征した可能性は十分に考えられることだろう。さらに矢部は一九三九年九月二十九日に孫娘の八重子を亡くしている。八重子という矢部の名前の一部をとって名付けられたこの孫娘の死は、大きな喪失体験だったようである。[50] 戦争というただでさえ生き残ることが困難な時代の中で、矢部と思いを同じくし、矢部の精神分析やそのコミュニティを継ぐものは結果的に育たなかったのかもしれない。

そうした中、矢部は「海外之日本」という雑誌で論考を発表し始めるようになる。この雑誌は、戦火が激しくなる中でも出版を許されていたことから分かるように、国粋主義を主張する月刊誌であった。のちに「皇道世界」へと雑誌名も変更している。矢部は一九四一年から一九四三年の間、その雑誌に主に「人心の機微とその把握[51]」という日本語の連載と「An Interpretation of Japanese Spirit[52]（日本精神の注釈）」という英語の連載をおこなっている。内容は、精神分析理論を用いて愛国主義や皇道論を合理化するもので「個体に生きず種族に生きる」という全体主義思想が繰り返されているものである。矢部はその昔、「精神分析の目的は現実に処する力を養い、独立独行の人を造るにある[25]」と堂々宣言していた。しかしながらその時の彼の姿はそれらの論考の中にはもう見当たらない。

このように矢部は一九四一年から一転して愛国主義の論文を次々に発表するようになる。その論考はかなりの数にのぼる。「日本民族」の優位性を強調し、戦争を合理化するような内容のそれらの論文は、うがった見方をすれば、言論の自由が奪われる中で、精神分析について語り続けるための行為だったとも考えられる。しかし、原理日本社の一員だった若宮との関係を考えると、それらの内容はあながち全くの詭弁というわけでもなかったのだろう。若宮もまた、矢部と同じように渡米し、長い年月を欧米で暮らした経験を持つ。矢部とは年齢も近い。ふたりとも青春時代を海外で過ごし、英語が堪能であった。明治時代の幕開けとともに、日本の西洋の理想化、そして取り入れは一気に花開いた。多くの優秀な若者、野心に燃えるものが海外へと飛び出し、さまざまなものを吸収して日本に持ち帰った。そして、その多くが新しい日本を作る上での要となった。しかし、戦争が激しくなるにつれて、理想化され、憧れの的であった西洋は一変して、鬼畜米英と罵倒され、憎しみを向ける対象となったのである。そのような日本の極端な変化の中で、彼らは日本というアイデンティティに必死にすがりつく他なかったのかもしれない。日本民族であることを執拗に連呼し、天皇を神として崇め、戦争の正当性を英語で書き綴った矢部の心境には、同情を禁じ得ないものがある。

一九四五年八月四日、矢部はおそらく疎開先だと思われる小田原でその生涯を閉じた[53]。終戦まであとわずか数日のことであった。

第二章　精神医学における精神分析——丸井清泰

一　精神分析との出会い

日本精神分析の父

東北の地、仙台で始まった精神分析運動が現在の日本の精神分析組織に直結していることから、丸井清泰（一八八六―一九五三、図6）は「日本精神分析の父」と言われる。[54] しかし実際に丸井がどのような人物だったのかや、丸井のおこなった精神分析運動についてはあまり知られていない。

例えば、丸井の人柄について、武田専《まこと》は「気性の烈《はげ》し」く、プライドの高い人物として書き記している。[55] しかし、東北大学で丸井の指導を受けた三浦信之は、丸井は「姿も人柄も丸」く、医局員たちは一度、先生に本当に叱られてみたいと話していた、と回想している。さらに三浦は丸井の「居眠り」を取り上げ、紹介している。

先生はよく居眠りをされました。何かの会合で先生としばらく同席なされる機会があられた方には必ず気付いておられたと申して差し支えない程のものかと思います。どんな場所でも、どんな時間でも、コックリコックリよく居眠りされましたから、私が先生から精神分析の手ほどきを受けた当時、私が記録をとつているのですが、先生は患者に問をだされながらよく居眠りをなさいました。しかし患者の答が終るとすぐ次の問を出されて途中が切れたこと［は］ありませんでした。[54]

「気性の烈しい」人物とはあまり思えないような逸話である。丸井教室の一員であった古澤平作が丸井に対して非常に葛藤的であったことはよく知られている。特に有名なのが、古澤は在学中から指導教授である丸井のおこなう精神分析が精神分析ではない、自由連想を全く理解していないと批判し、結果、教室を飛び出して留学したというエピソードである。このような丸井に対する批判は次の世代以降にも脈々と受け継がれ、丸井に対する否定的な見方は根強い。しかし果たしてそうなのだろうか。実際に丸井がどのような人物であったのか、この章で探っていくこととしよう。

アメリカへの留学

丸井清泰は、一八八六（明治十九）年三月二十七日、神戸に生まれた。一九一三年に東京帝国大学医学部を卒業後、同大学の副手となり、同時に附属医院であった青山医院に勤務した。卒業時には、卒業者百六名中、第二位の成績で銀時計を受け取っている。[56] 丸井が内科から精神病学に転じたのは、丸井の意志によるものではなく、「当時の大御所青山胤通《たねみち》博士の天振り的な命令による」ものであったという。[57] 丸井は卒業からほどなくして、東北帝国大学医学専門部講師となり、翌年には助教授となった。そして、同年すなわち一九一六（大正五）年十月に二年間のアメリカ留学の命を受け、ジョンズ・ホプキンズ大学のアドルフ・マイヤー（図７）の元に留学した。

図６　丸井清泰
（日本精神分析学会50周年記念展示会資料より）

アドルフ・マイヤー（Adolf Meyer）は、アメリカ精神医学の礎を築いたとしてよく知られる人物である。一八八六年にスイスに生まれ、チューリッヒ大学の医学部を卒業後、一八九二年にアメリカに渡った。マイヤーは、クレペリンなどの記述精神医学に対する批判的な立場から「精神生物学（psychobiology）」を提唱した。それは、精神障害を器質的なものだけではなく、環境に対する反応として、患者の置かれている状況や生育史から理解しようとするものである。これは力動精神医学とも言い換えることができるものだろう。実際にそのような見方は多くなされている。しかし、マイヤーの考えを力動精神医学と呼ぶには少し注意が必要である。一般的に力動精神医学とは、フロイトの精神分析を基にしたものであると考えられている。特に日本ではその印象が強く、精神分析とのつながりで広くその言葉が用いられている。しかし、マイヤーの力動精神医学は、フロイトを出発点としたものではない。

図7　アドルフ・マイヤー

人間の精神現象を生物・心理・社会的な諸力による因果関係の結果として捉えるもので、精神分析の影響を受けているものの、マイヤー独自のものである。マイヤーの伝記[58]の中では、マイヤーがフロイトと「偶然にも同じように」力動的（dynamic）という言葉を用いたものの、それはマイヤーにとっては外側と内側の刺激に「力動的に」反応する神経組織のことを指したものであり、決して無意識を想定したものではなかったことが記されている。

安斎（二〇〇〇）[59]は、ジョンズ・ホプキンズ大学で丸井が受けた影響について調査をおこない、「丸井がアメリカで得た知識、経験は本格的な精神分析療法ではなく、力動的心理療法の初期型としてのマイヤーの治療態度だったと考えられる」と結論付け、「精神分析学者ではないマイヤーに指導を受けた丸井が、なぜ精神分析に傾倒していったのか」を検討することが今後の課題だと述べている。しかし、この考えには当時のアメリカの精神分析の状況があまり考慮されていないのではないかと思える。

一九〇九年、フロイトは初めてアメリカの地を踏んだ。クラーク大学創立二十周年を記念した講演に招かれたのである。それは九月七日から十一日まで五回に分けておこなわれ、後に『精神分析について』という表題の元に出版された。マイヤーも聴衆のひとりであった。記念写真（図8）では、ユ

図8　クラーク大学創立20周年記念講演の参加者たち（1909）

ングの隣に写っている（前列右から二人目がマイヤー、隣がユング、フロイト、ホールと続く。二列目右から二人目が蠣瀬、その左上が神田である）。一九一二年にユングが再び渡米した際にはマイヤーが食事でもてなしたと言われている[59]。

アメリカで最初の精神分析の組織、ニューヨーク精神分析協会が作られたのは、それから二年後の一九一一年のことであった。そこから公式な教育機関が立ち上げられたのが一九二三年、訓練機関としてのニューヨーク精神分析インスティテュートが作られたのが一九三一年のことである。マイヤーも初期からこのニューヨーク精神分析協会の会員として名前が挙がっている。このニューヨーク精神分析協会を創設したのは、ブリル（Abraham Arden Brill）であるが、彼はマンハッタン州立病院においてマイヤーの元で働いていた人物であった。すなわち、丸井が留学した当時、アメリカはまだ精神分析を受け入れる最中にあった。マイヤーはその流れにおける中心人物のひとりであり、精神分析に高い関心を寄せていた。そのことは、当時マイヤーの指導を受けた人たちにさまざまな影響を及ぼしたことであろう。

留学先で精神分析に出会った日本人たち

丸井が留学していた同時期にマイヤーの元に留学していた日本人は、他に、石田昇、斎藤玉男、松本高三郎がいた。石田は、一九〇三（明治三十六）年に東京帝国大学医学部を卒業し、一九〇七（明治四十）年に長崎医学専門学校教授として赴任した人物である。そして一九一七（大正六）年十二月にマイヤーの元に留学した。つまり、丸井が留学している中、先輩であった石田が留学してきたという形である。そして翌年、一九一八（大正七）年十二月十二日に、石田は妄想状態から同僚の医師ジョージ・ウルフ（George Wolff）を射殺するという衝撃的な事件を起こす。石田は裁判にかけられて終身刑を宣告され、服役するも、精神状態が悪化したため、治癒すれば再びアメリカで服役することを条件に日本へ送還された。そして、松沢病院に入院することになったが「幻聴があり、独語、空笑、奇行、誇大妄想などを抱き、次第に統合失調性の精神荒廃といわれる状態」となり、六十四歳の時に肺結核のために死去している。[60]

他方、斎藤玉男も東京帝国大学医科出身で丸井より七年上の先輩の呉秀三の門下生であった。斎藤には大逆事件で関与を疑われたことがあり、そのことが呉秀三の逆鱗に触れ、東北大学の教授になりそこねたという噂がある。[61] これが本当ならば、丸井の東北帝国大学のポストは実は斎藤のものだったということになろう。いずれにしても呉秀三との関係は良くなかったようで、日本の精神医学が嫌になり、自費留学で、ドイツで初めての神経学の教授となったエディンガー（Ludwig Edinger）の元に留学した。カエルの脂肪を染色する仕事を与えられたらしい。しかし、そのカエルが二百匹届いた翌日に第一次世界大戦が始まり、ドイツを離れざるを得ない状況となった。そこで、野口英世の世話になり、一九一四年から一九一六年までアメリカのマイヤーの元に留学している。ところが、よほどドイツへの心残りがあったとみえてマイヤーの講義には出ずに、もっぱらネズミの過労による神経細胞の変化について調べ、病理組織学の研究に励んでいたという。帰国後は、日本医学大学の精神病学の教授となった。そこでおこなっていた講義で用いられた教科書は「異例なほど」精神分析の説明に頁を割いたものだったそうである。[62] しかし残念なことに当時の日本医科大学には、教室や臨床部門がなかった。そのため、丸井のように斎藤の元で精神分析を学び、ともに研究をおこなう学生を育てることはできなかったのではないかと考えられる。

松本高三郎は、一九一七年から一九二〇年までと、丸井と一年違いで留学していた。後に千葉医科大学学長となり、精神病理学の研究や精神衛生運動の普及に尽力したが、精神分析に関わる業績はひとつも残していない。

また、マイヤーの教室以外でも、留学先で精神分析と出会った日本人はいた。むしろ丸井よりもずっと直接的に精神分析と出会った人たちがいたのである。前述したように、一九〇九年、フロイトがアメリカに渡り、クラーク大学で講演をおこなった際、その場には日本人の留学生も聴講していた。

東京帝国大学の助手で留学中だった心理学者の蠣瀬《かきせ》彦蔵と、クラーク大学心理学教室の助手の神田左京である。記念写真(図8)をもう一度ご覧いただきたい。そこには、蠣瀬と神田がフロイトと共に写っていることが確認できる。

蠣瀬が留学中にアメリカの心理学の状況やクラーク大学について報告したものの中には、精神分析への言及が認められるが[63,64]、その後、彼が精神分析に関わった様子はない。一方、神田左京は一九一八年に「ハムレットの無意識的復讐忌避」[65]という論文の中でハムレットの理解に精神分析の理論を用いているが、それ以外の論考で精神分析への言及は見られない。そもそも彼は少々変わった人物だったようで、クラーク大学の後、ミネソタ大学に移り、博士号を取得して帰国したが、帰国後は大学などに所属することなく、神田の才能を見込んだ数人から衣食住の世話を受けながら、研究を続け、最終的には自らが「心中の墓碑」と称したホタル研究の集大成『ホタル』を自費出版した。近年、この孤高の生物学者の功績を再評価する動きもみられる[66,67]。

さらに、ウィーンに留学していた三宅鑛一《こういち》はフロイトの講義を聞いたという話がある。三宅は江戸時代から続く医者の名門一家の生まれで、呉秀三の後を継いで、東京帝国大学医学部教授となった人物である。歌人としても知られる斎藤茂吉は東京帝国大学医学部の出身で三宅の後輩にあたるが、斎藤は著作の中で、三宅がウィーンに留学中にフロイトの催眠術の講義を聴き、フロイトから「お前さんは日本人かい、日本人で私の弟子になったのはお前さんが初めてだ、一度、私の家に来ないか」と言われたというエピソードを記している[68]。

そして、フロイトの講演から時期はずれるものの、一九一三年にクラーク大学に留学した久保良英もまた留学先で精神分析と出会い、日本に輸入した人物である。久保はフロイトを招待したスタンレー・ホールに師事し、ホールから精神分析についての大きな影響を受けた。久保は当時、東京帝国大学の実験教育学の講師であった。帰国して東京大学に戻った久保は「児童研究」という雑誌において「フロイドと児童」[69][70]（一九一七―）という連載を執筆し、さらに『精神分析法』[71]（一九一七）という書物も出版している。これは、日本人が書いた精神分析のまとまった著作としては最初のものとなった。その本の序文で久保は、フロイトの真価を知るところになったのは恩師スタンレー・ホールによるもので、週に二回の講義の中でフロイトとアドラーの名前を聞かないことはほとんどなかったと述べている。また附録として、ユングの連想実験法も紹介されている。久保はそれ以降もいくつかの雑誌や書籍で精神分析を紹介していたがやがて離れていったようで、一九三一年に出版された『岩波講座教育科学』[72]においては、精神分析の章はその席を丸井に譲り、久保は「児童の精神」を担当している。このように留学先で精神分析と出会った日本人は複数存在していた。なかでもフロイトがアメリカの地を踏んだ一九〇九年以降、精神分析への関心が高まる最中にアメリカに留学した日本人が受けた影響は大きかったのではないかと思われる。

丸井が留学を終えたのは、ちょうど第一次世界大戦が終わった時期であった。丸井は帰路の途中で、イギリス、フランス、スイスなどに立ち寄り、精神病院等の見学を行った。特にロンドンではモーズレイ病院を見学し、チューリッヒではオイゲン・ブロイラーと面会したようである。[59]しかし、フロイトのいるオーストリアにはまだ入国を許されなかった。フロイトに会うことは叶わなかったのである。

二　帰国後の精神分析の紹介

精神分析の紹介

帰国してからの丸井の業績の中に精神分析がみられるようになるのは、「「ヒステリー」症の精神療法」[73]（実験医法、第六年第七十二号、一九二二）からである。「「ヒステリー」症ノ精神療法ニハ種々アルガ、最モ合理的ナ根本的ナ療法ハ、精神分析術デアルトイハネバナルマイ」と主張するこの論文は、暗示療法、説得療法、再連想法と比較して、精神分析の有用性を説いたものである。丸井はそこでヒステリーの症状は、患者の無意識の願望、特に性的な願望があるものの、それを成就することに「風俗、習慣、道徳的見地」と相容れないために葛藤が生じ、結果、願望が変形され生成されたものだと説明する。そして、「自由連想法、言語反応、試験、日常生活ニアラワルル種々ノ過失ノ分析等」によって患者の心理状態を「研究シ分析シ」、患者の無意識を意識化し、また同時にそれまで症状に用いられていた「エネルギー」を「美化」〔昇華のことであろう〕することによって社会的に有益なものにするのだと解説している。加えて、精神分析術の「最モ有力ナル武器」は夢判断とも書いている。しかし、そこに具体的な説明はみられない。

丸井は留学から戻り、東北帝大医学部精神病学教室の助教授として、医学部および法文学部の心理学専攻の学生を対象にした講義の中で精神分析を紹介していった。その講義の内容を元に書かれたのが、一九三六年に出版された『精神病学』であった。法文学部における丸井の講義の内容については、実際に一九三二年に丸井の講義を受けた北村晴朗による研究（二〇〇四）[74]がある。それによると、丸井の講義内容は、精神障害を個人の環境に対する適応の失敗であると想定するマイヤーの立場に沿ったもので、それぞれの疾病概念の説明とともに随所に精神分析の解説が取り入れられていたようである。それは『精神病学』を見ても明らかである。戦後に再版された際、序文には本書が主に「Adolf Meyer 先生、William A. White によって打ち立てられた精神生物学（psychobiology）を基調とする精神病学を講じ」たものであり、ドイツ学派の「叙述的精神病学」に対して「新時代の精神病学界」を示すためのものであったという解説が新たに書き加えられている。妄想や強迫観念といった症状の説明、またパラノイア、早発性痴呆といった疾病概念の解説とともに、「心的機制」としての防衛機制、各疾病における精神分析の考えを、フロイト、ユング、アブラハム、ホワイトの引用のもとに、解説されている。さらに「精神神経症」における治療という項目の「精神療法の種類」においては、暗示療法、再連想法或いは再教育療法と並んで、精神分析療法が紹介されている。そこで丸井は精神分析を、「精神分析療法に於ては無意識的精神機転を明らかにするに自由連想法、夢の解釈、失策行為の分析、感情転移及抵抗の分析等の方法を用ゆる」として解説している。さらに自由連想については次のように記載されている。

音声の外部に洩れない様に設備した分析室内に於て患者を寝椅子の上に安楽に仰臥させ、分析者は患者の背後に一を占め、さて患者にはこの状態に於て自己の意識に上り来る観念、感情等を次々に話させるのである。その際患者は自己に起り来る考に何等の批評、選択を加えず、話に脈絡があろうがなかろうが、又それが恥ずかしい事であり、不快な事であり或はどんな内容を持って居ようが、それには全然かまわずに話し続けるように要求される。患者はこの際しばしば急に話をやめて一時黙ってしまう事がある。又何の考も浮んで来ないと云い出す事がある。斯かる場合には分析者は吾人の意識内容は一瞬間といえども白紙の状態にある事がないものであり、考が浮ばないと云ふのは患者に抵抗がある結果である事を告げ、以て自由連想を続行せしめる様にするのである。

そしてこの説明とともに一枚の写真が掲載されている（図1）。そこには、「精神分析療法を実施しつつある處」との説明が添えられている。さらにその写真が掲載されたページの下部には、精神分析療法の技法については、小児期精神ノ衛生ト精神分析学（克誠堂）を見よとの注釈がある。『小児期精神ノ衛生ト精神分析学』[75]とは、一九二五年に丸井が初めて出版した単行本である。その本を書く上で丸井が参考にしたという文献の一覧を挙げてみよう。

1）William A. White (1919): *The Mental Hygiene of Childhood*. Boston, Little, Brown, and Company
2）William A. White (1916): *Mechanisms of Character Formation; An Introduction to Psychoanalysis*. New

York, The Macmillan Company

3）Smith Ely Jelliffe & William Alanson White (1915); *Disease of the Nervous System*. Philadelphia: Lea & Febiger

4）Oskar Pfister & Charles Rockwell (1917): *The Psychoanalytic Method*. New York, Moffat, Yard & company.

5）Ernest Jones (1913): *Papers on Psychoanalysis*. London: Baillière, Tindall and Cox

6）Hermine Hug-Hellmuth (1913): *Aus dem Seelenleben des Kindes*. Eine psychoanalytische Studie

7）Hermine Hug-Hellmuth: *Zur Technik der Kinderanalyse* (1921): Internationale Zeitschrift für Psychoanalyse 7(2), 179–197

8）Sigmund Freud (1905): *Drei Abhandlungen zur Sexualtheorie*. Leipzig und Wien: Franz Deuticke

フロイト以外の文献は、丸井が留学していた時期を中心に、それ以降の最新の精神分析の文献が選ばれているようである。野村（一九六二）[61]は、伝聞としてではあるが、丸井が留学中に精神分析に「共鳴して」ウィリアム・アランソン・ホワイトに師事し精神分析を修めたことを記している。この事実の真偽は不明だが、先述した「精神病学」とあわせて考えても、丸井はウィリアム・アランソン・ホワイトからずいぶんと影響を受けていたことは確かなようである。

本の中では、精神分析について具体的な方法が述べられているので、少し紹介してみたい。面会の回数及び時間は、「場合によって異なる」という注釈がつけられているものの「通常一週三回、一時間」と記されている。そして、ただ一回の面談で治癒の奇跡がみられることもあり、場合によっては五、六回、他の場合には数ヶ月の「念入りナル」分析が要求されることもある、と記されている。一方、教育分析の場合には、一週に二回もしくは三回で、面会時間が一時間から二時間、持続時間は通常、数ヶ月から半年で十分であるが、時に一年以上かかることがあると述べられている。これらの具体的な記述からは、当時丸井から精神分析や教育分析を受けていた人が複数いたのではないかという印象を受ける。加えて、写真にもみられるノートについて、患者の面前でノートを取る場合には、患者に対して秘密に保存されることを保証すべきであり、あまりに患者がノートを取ることに対して抵抗を示す場合には控えた方が良いが、ノートが分析の進展を妨げることになるのは稀なことだと書かれている。写真をじっくりみると、やや奇妙な点に気づく。細かなセッティングは分析家によって違いはあるものの、患者の頭上に分析家が座る。写真のように患者との間に机を置くことは通常はない。あれだけ距離があると、患者はある程度大きな声で話さなければならないだろう。精神分析を受けているというよりは何か心理実験のようなものを受けているかのようである。

このように見ていくと、ひとつの疑問が浮かんでくる。丸井は、実際の精神分析を見たことがあったのだろうか。つまりは、訓練分析を受けたことがあったのだろうかという疑問である。この時代のことである。先ほど述べたように、マイヤーの元で丸井が訓練分析を受けたとは考え難い。では丸井はどこで訓練分析を受けたのだろうか。

丸井の訓練分析

この疑問の答えについては諸説存在している。第一回日本精神分析学会の総会の追悼講演で紹介された丸井の略歴には「昭和八年八月十九日欧州各国へ出張を命ぜらる（この時フロイドから精神分析を受けられた由《よし》）」とある。[54] これは明らかに誤りであろう。丸井清泰がウィーン郊外の別荘でフロイトとアンナ・フロイトに会った際、フロイトは手術の後でアンナ・フロイトの介護が必要な状態にあり、そのベッドサイドで十分ほど会話をした、と丸井がクルト・アイスラーに宛てた書簡には記されている。さらにその時、丸井はフロイトの小さな声を聞きとることが難しくアンナ・フロイトの通訳で話をしている。分析を受けることはまずもって不可能であろう。[3]

その一方で、北山（二〇一二）[3]は、丸井は一九三三年にウィーンにおいて、フロイトではなくフェダーンから精神分析を受けたと記している。明記されてはいないが、これはおそらく山村の記載（一九八四）[56]を参考にしたのではないかと思われる。山村は、丸井がウィーン滞在中にフェダーンによって教育分析を受け、フェダーンは日本語でいいから自由連想をおこなうように丸井に命じたと書いている。しかしながら、丸井が日本語でおこなった自由連想をフェダーンはどう扱ったのだろうか。この出張について、山村は一九五一年の丸井の業績紹介の中でも記しているが、そこにはフェダーンのことは触れられていない。つまり、三十年前には全く記されていなかった教育分析の記載が新たに加えられているのである。

実はこの出張については、丸井自身も著書[76]の中で触れている。以下は丸井による記載である。

昭和八年丸井清泰渡欧ウィーンに於てフロイド、アンナ・フロイド、パウル・フェーデルン［フェダーンのこと］その他多数の精神分析学者に面会、又ウィーン精神分析学会例会の席上『メランコリー』に於ける摂取過程に就て」と云う研究を英語にて発表した。この研究論文はその後国際精神分析学雑誌並びに東北帝大医学部精神病学教室業報に発表された。ついで丸井はロンドンに国際精神分析協会本部を訪問し、会長エルネスト・ジョーンズ、グラヴァーその他のロンドン精神分析学会員に面会昭和九年帰朝、本部の承認の下に国際精神分析協会仙台支部を設立して支部長となつた。

ここで丸井自身は、精神分析を受けたことについては全く触れていない。同じ文中で、古澤平作の訓練分析については「ステルバによって『コントロール・アナリシス』を受けて帰朝」とわざわざ括弧書きで書いていることから、自身の訓練分析に触れないことは考えにくい。こうしたことから、おそらく丸井は訓練分析は受けておらず、フェダーンやフロイトと面会しただけだったのではないかと考えられる。

そのように考える理由は他にもある。大槻が戦後に述べているように[77]、矢部が丸井よりも先に精神分析家になって日本支部を創設したことは、丸井にかなりのショックを与える出来事であった。それは直後に丸井がフロイトに書き送った手紙にも読み取れる。おそらく丸井は自分こそが日本で最も精神分析を学び、実践していると信じて疑わなかったのであろう。当時、丸井は、学会で森田療法を創設した森田正馬《まさたけ》と精神分析をめぐって激しい論争を繰り返していた。精神医学の分野で丸井は精神分析の第一人者であった。それがまさか在野の一心理学者に先を越されるとは夢にも思わなかったことだろう。フロイトへの手紙の中で丸井は、「私は我々の教室がこの国の精神分析運動の先頭に立ってきましたし、まだそうであると信じていますし、この国の特に学者級の人々はこの事実を承認することを確信しています。我々がどんなに精神分析に関して人々への啓発の仕事に貢献してきたかと思う事実を誰も否定しないでしょう」と書き綴っている。丸井には自分こそが日本の精神分析を背負っているという自負があったのである。そこで丸井は、「貴方〔フロイト〕かほかの精神分析家に私が分析を受けることが欠くことのできない条件」であると考えてはいるものの、日本政府からの海外派遣がいつになるか分からず、「もはやこれ以上待てないと感じている」ので、「特別なお計らい」をしてもらえないかという話をフロイトに持ちかけるのである。「特別なお計らい」とは何か。それはすなわち訓練分析を受けずにIPAの会員になることであった。その手紙の返信にフロイトは丸井にはそれだけの価値があることを認め、「貴方自身が分析を受けていなくても」会長のアイティンゴンに日本でのもうひとつの支部の設立とIPAへの入会について直接、願い出るようにと勧めたのである。その後、丸井とアイティンゴンとの話し合いがどうなったのかは分からない。しかし、この「特別なお計らい」についての丸井の打診と、それについてのフロイトの承諾は重要である。その「特別なお計らい」がIPAに認められた可能性は高い。

こうしたことからも、やはり丸井は訓練分析を受けなかったのではないかと考えられる。しかしながら、だからといってこれを批判の対象とすることは、あまりに歴史を無視した行為であろう。先にも述べた通り、アイティンゴンがバート・ホムブルクで開かれた国際精神分析学会の大会で訓練分析を精神分析の訓練に位置付けることを明言したのは、一九二五年のことである。そこから訓練分析への意識は徐々に高まっていったと考えられるが、訓練分析を重視する態度は、丸井においても、フロイトにおいても、今とは大きく異なっていたのである。そうした今とは異なる認識や状況があったことは忘れてはならないだろう。

三　丸井清泰の精神分析臨床

精神分析が治療として始まり、発展してきたことは疑いようもないことである。精神分析臨床があってはじめてそこに精神分析的解釈が生まれる。精神分析は、精神分析臨床によって理解されうるものである。

そうした意味においても丸井の功績はやはり臨床場面で精神分析の研究、実践をおこなったことにあるだろう。丸井は実際患者にどのような精神分析臨床をおこなっていたのだろうか。それについて考えるために、当時の精神医学における精神分析臨床の状況から紹介していくこととしよう。

本論に入る前に精神分析の治療構造について簡単に説明をしておきたい。彼らがおこなっていたものとの違いを知るためでもある。精神分析の治療構造は、時代によっても、学派によっても、また分析家によっても、多少異なるものの、基本的にカウチを用いての高頻度のセッションからなる。高頻度とは、現代においては週四回以上とされているが、フロイトの時代にはさらに高頻度であった。面接時間は通常、四十五分から六十分、ハーバード・ローゼンフェルドなどは精神病患者に九十分という設定でおこなっていたそうであるが、そういうのは稀である。面接時間や頻度は、あらかじめ設定され、特別な事情での変更がなされない限り、同じ枠組みでおこなわれる。また、このような設定よりも頻度が少ないもの、あるいはカウチを用いずに対面法でおこなわれるものは、精神分析的精神療法（精神分析的心理療法）として区別される。

以上が設定についての概要であるが、この設定だけが分かっていれば精神分析を実施できるわけではない。実際の分析場面には書物には描かれないさまざまな事柄がある。以前、精神分析を学び始めたばかりのセラピストの症例発表を聞いたことがあった。その中で、患者がそのセラピストの袖を引っ張るという場面が出てきた。おかしい。患者はカウチに横になっているはずである。枕元にいるセラピストの袖をどうやったら引っ張れるのか。発表者に詳しく尋ねると、そのセラピストは患者の頭上ではなく、横に腰掛けていたことが分かった。確かに本を読んだだけでは、セラピストがカウチのどこに座るのか分からない。これだけの情報が得られる現代でもそういうことが起きるのである。当時の日本ではさらに困難があったことだろう。

杉田直樹の精神分析の実際

まずはじめに紹介するのは、杉田直樹（一八八七―一九四九）によるものである。[78] 杉田直樹は、名古屋医科大学教授であり、北米に留学経験があるものの、そこで精神分析を学んだわけではない。矢部や丸井とは違い、精神分析に傾倒していたわけでもなく、当時、流行していた精神分析について文献を通して知り、日常臨床の中で施行した人である。もちろん精神分析を受けた体験もない。本人曰く「精神病学を専攻する義理」から精神分析をおこなった「浅薄な学徒」であるとのことである。現代の日本においても、精神分析家ではない医師や心理士が精神分析的なセラピーをおこなうことはよくあることである。むしろ、そのような人の方が多数を占めているだろう。当時もまた、精神分析の文献を読み、手探りで精神分析療法を施行してみる人は少なくなかったのである。

杉田が記したのは、「日本医事新報」に掲載された「精神分析療法の実際」（一九三五）と題された記事である。杉田は、「日常或種の病床の治療に当たって分析的の精神療法を行ってみて、時には失敗し、時には成功し又時には中止し、いろいろの実施的経験を重ねている間の感想」として、自身の経験を紹介している。

杉田は、精神分析の実施において「不便な点」を、次のように挙げる。

（一）精神分析の技術に堪能な医師がまだ乏しい。

（二）精神分析療法についての宣伝がまだ足りないため、患者が自発的に本療法に頼って来ることが少ない。
(三) 強いて分析療法を行おうとしても患者が分析的自由連想の方法を理解しなかったり、又は秘密を暴かれる如く考えて分析を喜ばず、之に応じないものが多く、実施がなかなか困難である。
(四) 分析の過程の間、時間と忍耐とを要することが多く、医師も患者も之に長く耐えようとしない。とかく我国の人々は気が短い。
(五) 料金の制度に欠点があって、規定通りでは医師の収入がその分析の労と引き合わない。
(六) 分析が長時間にわたり、医師と患者との間に深い「ラッポール」が成り立つと、とかく種々の誤解を伴って周囲の批評がやかましい。

これらは、ほぼ現代にも通じる「不便な点」であろう。精神分析の技術に堪能な医師は、現代の方が乏しいのかもしれないし、精神分析を求めてくる患者についても同様である。患者が自由連想の方法を理解しなかったり、秘密を暴かれると思って喜ばないという点については、どのような精神分析の説明や導入をおこなっていたのかという治療者側の問題とともに、どのような患者に対して精神分析が施行されていたのかという患者側の問題も考えられる。後者については、現代では精神分析を導入する前にアセスメントをおこない、患者の適性を測ることが当たり前となっているが、そのような視点はなかったのかもしれない。時間と忍耐が必要であることや、労力に収入が見合わないことは、残念ながら現代も同じである。精神分析は治療者と患者双方に、経済的、時間的負担がかかる。それを超えての価値が十分にあるものだが、効率的とは言い難い。
（六）については、転移のことを指しているのではないかと思われる。転移とは、簡単に言うと早期の関係性が治療者との関係に再現されることである。特に治療者に愛情といった陽性の感情を向けることを陽性転移といい、治療者に恋愛感情を向ける転移性恋愛の問題はフロイトも取り上げたものであった。おそらく「誤解」とはそうした治療者と患者の関係について、周囲が誤解するという意味なのだろう。
この記事のなかで注目すべきは、種々の治療設定についてである。まず、筆記について、以下のような記述が見られる。

分析者によっては患者の談話を速記または筆記させるために助手を身側に待せしめる人があるが、私共の経験では之は被分析者に喜ばれないで、かえって分析を支障する。必ず分析者自身で必要な要点だけを記録するに止めるようにし、分析直後これを自ら詳録するか又は筆記者に口授しておくがよい

丸井も筆記を勧めていたように、当時の日本ではよくおこなわれていたことだったようである。筆記をおこなうための助手をつけている治療者がいることも興味深い。
さらに時間については、以下のように記されている。

分析の時間はあまり長くないのがよく、患者が疲れるか興味を失うかして分析に嫌気のさしたように見えた時には、いつでも中止しなければならぬ。これから先は無理に作り出した連想になって分析的価値が乏しくなる。

一定の時間という認識がないということは興味深い。患者が疲れたり、興味を失ったりしたことを抵抗として扱うという考えは見られない。患者が円滑に連想をおこなうことが重視されているようである。

治療者と患者の位置関係、患者の姿勢については以下のような言及が見られる。

分析者はなるべく被分析者の横に座して正視しない方がよい。被分析者を必ずしも「ベット」又は安楽椅子に安臥させる必要はない。本人の好みにしたがって適意の位置をとらせるがよい。理髪店の椅子や歯科医の椅子の如きものがよいというがあの仰臥位は安易ではあるが講話をしにくい。卓にもたれて頰杖ついて話す方が気楽のように思う。茶や煙草は自由にのましめ、便意は少しでもこらえないようにする。

「本人の好みにしたがって」ということが強調されているように、患者が寛いで自由に振舞うことがやはり重視されているようである。「卓にもたれて頰杖ついて話す方が気楽」かもしれないが、その場合には治療者はどこに位置していたのだろうか。疑問が残る。
また、治療対象となる患者については、以下のように記されている。

(精神分析は)特殊の自家反省による療法で、分析者はただその反省の進行を誘導する役をなすのに過ぎない。それ故、分析療法が療法として適用せらるべき疾病の範囲は甚だしく狭いもので、要するに理知的であって自分から反省努力によって分析を試みようと深く期待し、今の「ノイローゼ」は自己の欲求と境遇との間の矛盾や葛藤から生じたということを自ら信じている人でなければならない(中略)つまりは「ヒステリー」、神経質、精神変質などの一部の、特に自覚的神経症状を強度に訴えるものだけが分析療法の対象ということになる。

知的能力が高く、内省能力があるものに限られるというのは、現代でもおこなわれる批判であろう。ただ「自家反省による療法」だと考えているように、無意識という言葉はどこにも見られず、精神分析についてどこまで理解されていたかは怪しい。しかし、おそらくこのような水準で理解し、精神分析を試す人は当時、多かったのではないかと考えられる。

久保喜代二

そうした一方で、非常に高い水準で精神分析を理解し、実践していた人も存在していた。これまで精神分析界隈では全く名前が挙がることのなかった人物であるが、久保喜代二（一八九五―一九七七）という精神科医である。久保は、一九二〇年にチューリッヒ大学でブロイラーの精神分析学総論の講義を聞いて非常に感激し、ウィーン大学に移ってからも精神分析家と関わりながら、精神分析を勉強したという人物である。しかしながら、帰国してから精神分析を実際に神経症患者におこなってみたところ、従来想像していたものとは「大分見当が違う」気がして、精神分析に疑問を感じ、フロイトに対する「純真な信仰」は失ってしまったのだという。[79] けれども久保は精神分析を学んだことは無駄ではなく、精神科医及び精神療法医にとって精神分析学ほどためになる心理学は他にあるまい[80]とその価値を認めている。

久保の注目すべき点は、「精神分析ともつかず説得療法ともつかない暗示抜きの方法」で重症のヒステリー症例を治療した経験から、ヒステリーは方法ではなく「医者という人間によって治癒するものではなかろうか」と考えたところにある。久保は、リビドーの転移が治療機制をなすものであり、精神分析法も、説得療法も、転移の経過を促進する手段にすぎないと論じている。これは現代の転移を中心とした精神分析の理解にかなり近いものかと思われる。同時代の矢部も丸井もそこまでの理解には辿り着いてはいない。当時、それほど深く精神分析を理解した日本人がいたことは驚くべきことであり、そのような人物が精神分析から離れてしまったことは、惜しむべきことであろう。

久保は北海道生まれで、一九一八年に東京帝国大学医学部を卒業し、新設される予定であった北海道帝国大学助教授に内定が決まり、一九二〇（大正九）年八月から一九二三（大正一二）年六月まで留学していた。その間に精神分析を学んだわけである。ウィーンの研究所では斎藤茂吉も一緒だったという。一九二二年に帰国したが、北海道帝国大学の開設予定が遅れたことで、東京府立松沢病院で学んだ後に、朝鮮の京城医学専門学校に赴任し、朝鮮半島の精神医学に貢献した。太平洋戦争の開戦と同時に内地の傷痍軍人下総療養所長として転出し、その後、日本医科大学精神科の教授を務め、一九七七年八十二歳で逝去したことが分かっている。[80]

丸井の精神分析臨床の実際

それでは、いよいよここから丸井による精神分析症例について詳しく紹介していくとしよう。丸井による事例論文は、数は少ないものの、いくつか存在している。

「神経衰弱とヒステリー」（「婦人衛生雑誌」第三七五号　一九二四年[81]）

最初に紹介するのは、「婦人衛生雑誌」に掲載された「神経衰弱とヒステリー」という論文である。一九二四年というかなり早い時期のもので、もちろん矢部も古澤もまだ精神分析を受けてはいなかった。丸井の身近で精神分析を体験したものは誰もいなかった頃のものである。

丸井は、フロイトの『ヒステリー研究』におけるエリザベート・フォン・R嬢の症例を取り上げ、患者が苦しい現実から逃れるために病気に避難するという解説をおこなった上で、「余はここに最近に於て分析したる一例を述べその心的機制を説明せん」として、自身の症例を紹介している。

患者は二十七歳の語学と柔道を担当する中学教師の男性である。患者は就職してからというもの、抑うつ的となり、忘れっぽく頭が「ボンヤリ」する、疲労感、左側頸背部の緊張感及び痛感、右側大腿前面に起る電撃性疼痛を訴え、来談した。丸井は、この患者を多くの医師は神経衰弱とみなすだろうが、精神分析をおこなった結果、その病気になった心的機制は明らかにヒステリーであり、神経衰弱ではなく、ヒステリーであると結論づけている。しかし、「精神分析を行ひたる結果」と書かれてはいるものの、精神分析の詳細は記載されていないため、何が実際におこなわれたかは分からない。

丸井は、この患者の病因を、赴任先の中学は柔道が盛んで学生の中にも有段者が多数いたが、患者は自分が学生に劣ることを認めることが自尊心にとって苦痛であるために、その考えを「圧迫し意識外に放逐せんと」した結果であったと考えた。そして「この心的機制の説明即ち病床の精神分析学的説明は患者の完全に承認するところとなり」、患者は自分の病因を理解するとともに「適度の運動旅行等」による「美化作用」をおこなおうと努力し、さらには「温泉療法」よって「症状非常に軽快」したとのことであった。すなわち、運動による昇華を勧めたということであろう。そして、この患者は次年度より柔道の教師を辞めて、より責任の軽い助教の職となり、語学教師だけをおこなうことを希望するようになったとのことであった。

そうして丸井は精神分析治療の特徴を次のように解説している。「余はこの場合の治癒は単なる温泉療法、転地療法等によるものとは異なり、患者が再び学校に復帰すとも病症の再発を来たすこととなるべきを信ぜんとするものなり」「患者は精神分析による自己を理解しまた種々の心的機制を同時に会得しうるに至れる結果今後は従前よりも一層よく自己を処理し境遇に順応し得べきを信じて疑はず」つまり、精神分析は他の治療のように再発せず、自分を理解したことで以前よりも適応的になったと考えているのである。丸井は言う。「精神分析療法は現今に於てはその最も進歩したる科学的療法にして暗示療法のごとき盲目的のものとは大いに趣を異にす」と。丸井の精神分析への信奉ぶりがよく分かるものであろう。

しかしながら、面接構造の記載がないため、実際に精神分析をおこなったものなのか、それとも病理についての精神分析的理解をおこなったものなのか判断が付き難い。さらに精神分析的な理解をただ患者に教えていたのではないかという疑念も拭えない。次に紹介するのは、そこから十年後の事例報告である。

「赤面恐怖症、強迫性症状を合併せる一ヒステリー患者の精神分析」[82]**（「応用心理研究」第一巻第二号　一九三四）**

患者は二十三歳の東京の大学に通う男子学生である。二十歳の時に美容所で美容術を受けたところ、顔が醜くなったように感じ、人と会うことを避けるようになった。空虚な気持ちから大学にも通えなくなり、二十一歳の時にはカルモチンで自殺を図り未遂に終わった。そうしたことから、父親とともに丸井の治療を受けに来たという患者である。論文の中では、患者の症状や生育歴について非常に詳細な記載がなされている。ただそれに比べると実際に治療の中で何が話し合われ、どのような介入がおこなわれたのかということの記述は少ない。また、精神分析や自由連想といった言葉はあるが、どのような面接構造であったのか、例えば面接時間や頻度などの記載はなく、不明である。さらに治療経過の中で、患者が大学の制服を初めて着用して分析者のもとを訪れた際、「患者は俯いたまま分析者に対座していて、分析者を直面することはできなかった」という記述からは、対面法だったのではないかとも思える。つまり、寝椅子を用いていたのかどうかははっきりしないものである。

症例に戻ろう。患者は地方の裕福な家の一人息子で、母親に非常に甘やかされて育った。患者には美しい友人がたくさんいた。「患者は美しい人でないと交際しなかった」。その美しい友人たちの中のひとりである友人（B）には美しい妹の（T）がいて、患者の友人のひとりはその妹（T）に恋をしていた。ある日、患者はその友人に頼まれ、友人の想いを（T）に伝えに言った。患者は（T）には多数の男友達がおり、さらに患者は（T）の親友のことを好きで、文通をおこなっていたため、意識的には（T）には全く関心がなかった。しかし丸井は、患者のうつ病の原因は美容術のせいではなく、本当は（T）のことが好きだったからなのだと考えた。そして、「その当時の心境について繰返し自由連想を行はなしめた〔ママ〕結果」、美顔術を受けたきっかけが（T）から絶縁状をもらったことにあり、（T）への恋愛感情を抱いていたことを告白したのであった。

美容所の寝椅子に仰臥《ぎょうが》し美容術をうけながら僕は何故に（T）が自分に絶交状を寄越したか、その前に二人で逢った時のお互いの態度は何うであったかなど考へて居ました……即ち絶交状を受取った事に就ての疑惑寂寥《ぎわくせきりょう》の感を抱いて居た。そしてその日の美容術の結果が非常に好結果であればよいと望んで居ました。

丸井は、患者が自分の病気の真の原因が（T）に対する失恋であったことを決して認めず、うつ病になる以前に「失恋事件がなかったか」と何度尋ねても、最初はいつも否定していたと述べ、それは（T）への恋愛感情を意識する事が（T）を慕う友人への罪悪感を感じることになるので、抑圧しなければならなかったからなのだと結論づけている。まるで推理小説のようなこの展開は、読み物として魅力的なものである。

丸井の転移の扱いは興味深い。この患者は丸井に必ずしも良い感情ばかりを向けていた訳ではなかったようである。分析の途中、患者が自動車学校に通い始めたものの「何かと注意されるのが癪《しゃく》にさわる」と言ってすぐにやめてしまったことを、丸井は陰性転移感情の現れであったと捉えている。また、患者は遅刻したり、分析者の説明が理解困難であると丸井を非難したりすることもあった。そして、時には「露骨な反感憎悪」を丸井に向けた。これらの行為の度に丸井は「それが父に対する反感憎悪の転移である事を説明する事によって分析は中断されず好都合に進行した」という。現代では、そういった説明によって転移を扱うことはあまりないだろうが、転移について丸井がそのように深くまた細やかに理解していたことは驚くべきことである。

また、自由連想以外にも「積極療法」を施《ほどこ》したとのことで、丸井は「進んで鏡を見る事、学校の制服を着《け》し進んで外出する事など」をおこなうよう患者に勧めている。やがて症状は良くなり、患者は人と会えるようになった。しかしながら、患者は症状が良くなってもなお、大学に通うために上京しようとはしなかった。そして「精神分析学を研究し十分にこれを理解したいから当分〇〇に滞在したい」と言いだした。これに対して丸井は「この態度は患者が強く生き、現実に適応する事を回避し、安逸《あんいつ》を貪《むさぼ》りその他の病床利得を保持せんとする最後の努力を意味するものなる」と考え、患者にそれを説いたのであった。そして患者は「勇《ゆう》を鼓《こ》し」て上京し、大学に通うようになった。

この事例は、先に紹介したものに比べると、ずっと精神分析的な印象を受けるものである。それでも自由に話すというよりは、最初から丸井の精神分析的仮説ありきで話が進んでいるのではないかと思える節もあり、そのあたりは、自説を証明しようと躍起になっているブロイアーとフロイトの『ヒステリー研究』の症例たちと重なる印象もある。それでも患者の、丸井に対する転移感情がよく表現されていることは注目に値する。そうした患者が丸井に向けた感情を精神分析的に理解しようと一生懸命耳を傾けた丸井の姿こそが、何より患者には治療的に働いたのではないだろうか。

小此木[83]は、古澤から聞いた話として、丸井の精神分析はフロイトの精神分析とは全くかけ離れたもので、問診方式で患者の深層心理について質問を発し、答えを求め、その答えから理解された内容についての分析的知識と理論を直接、説明する、あるいは説得するというやり方であったと述べている。さらに転移と抵抗についても、関心が払われず、その「精神分析」は「陪診〔ママ〕を従えた権威的な教授の患者に対する問診と説明でおこなわれた」と述べている。こうした丸井の臨床に対する批判は、長い間、精神分析界隈で囁かれていたものである。しかしながら、この事例を見る限り、丸井は抵抗や転移に十分に関心を払い、取り扱い方には是非はあるだろうが、そこで生じていることを十分理解しているようにみえる。古澤が指摘するような、いわゆる精神分析とは異なる点はあったことだろう。しかし、一九三〇年代の日本でこのような精神分析的視点をもった臨床がおこなわれていたことについては、もっと評価されてもよいのではないだろうか。

四　国際精神分析学会仙台支部

仙台支部の設立

丸井の最大の功績は、現在の日本精神分析協会の前身となるＩＰＡ仙台支部を創設したことであろう。

一九三〇年、矢部八重吉はヨーロッパに留学し、アーネスト・ジョーンズとエドワード・グラヴァーから分析の訓練を受けて帰国し、国際精神分析学会日本支部を設立する。先にも述べた通り、丸井はこれに大変驚いた。丸井は一九三〇年十二月十三日にフロイトに「日常生活の精神病理」の翻訳が完成したとの手紙を送った。その返信で、フロイトは丸井から長期間にわたって連絡がなかったため、丸井が翻訳出版の計画をあきらめたのだと思い、矢部に翻訳出版の許可を与えてしまったことを詫び、さらに矢部が日本支部を設立したことを伝えた。このフロイトからの手紙によって、丸井はその事実を知ったのではないかと考えられる。フロイトは「願わくば」日本支部とコンタクトを取るようにと丸井に伝えたが、丸井はそれにかなりの困惑を示した。

……適切にも東京の精神分析学会と接触をはかるようにとのアドバイスをいただきました。それはこの国の精神分析運動の繁栄に寄与するものであろうと推察します。しかし、敢えて私の学者としての、とくに精神分析家としての人生のプライドがその学会自体に入ることを許さないということを申しあげます。[3]

フロイトから丸井のことを聞いた矢部も、丸井に手紙を書き送った。丸井に断りなしに渡欧したことや日本支部を設立したことを詫び、日本支部と関わりを持ってほしいと丸井に願い出たが、丸井は断固として聞き入れなかった。そして丸井は、先にも述べた通り、フロイトに、訓練分析を受けてきちんとした形でIPAの会員になりたいが、日本政府による海外派遣の順番がしばらく回ってくることはなく、これ以上待つこともできないため、「特別なお計らい」でIPAに入会させてもらえないかと打診したのである。丸井はその際、誕生日プレゼントという口実の下、外国為替で百五十マルクを添えている。それに対してフロイトは、精神分析を受けなくても会員になりたいというその丸井の願いを受け入れる準備があることを伝え、IPA会長のアイティンゴンに願い出るべきだと助言した。しかしやはりフロイトは矢部と丸井のふたつの支部が日本にできることについては、苦言を呈した。ふたりが協力してひとつの組織として合併するように丸井に勧めている。

Dr.矢部の学会はすでに受け入れられてしまっていたのであり、我々は同じ国で幾つかの団体が互いに独立して活動すべきでないという規則を持っています。しかし合併したならば、（中略）貴方がなすべき最善のことは、仙台に一つの団体を創設し、それからDr.矢部の団体と一つの共通組織の中で連携することです。私は貴方がDr.矢部のやり方に幾らか敏感になっておられ、貴方の公的な立場により貴方が精神分析運動の頂点にあるという主張が正当と認められるということも理解しています。しかし我々の学問のためには、貴方は現実の状況を公式には無視していることに対して、なんらかの埋め合わせをし、そしてDr.矢部と合意に至るべきでしょう。[3]

しかしながら、こうしたフロイトの願いも虚しく、結局、矢部の日本支部と丸井の仙台支部がひとつの組織になることはなかった。翌年、丸井は渡欧して、ウィーンでフロイトに会い、ロンドンでアーネスト・ジョーンズやグラヴァーと面会し、仙台支部設立の承認を得て帰国した。つまりは、丸井の願いが聞き入れられたのである。丸井の日記には、十一月十二日に、二つのミーティングの結果、ジョーンズが、日本において矢部の機関とともに、丸井が仙台支部を創設することに同意したと記されている。[59]

この丸井による仙台支部の設立により、矢部の設立した日本支部は東京支部へと名称を変更することになり、日本では矢部を会長とする東京支部と、丸井を会長とする仙台支部の二つの支部で精神分析の実践と研究がおこなわれるようになった。

仙台支部の会員

仙台支部の最初の会員は、名誉会員一名、会員十二名であった[39-45]（表2）。それぞれの会員について解説を加えながらその概要をみていこう。名誉会員の三宅鑛一は、東京大学医学部教授であり、日本の精神医学の基礎を築いた人物である。会員は、新井昌平、土井正徳、早坂長一郎（書記）、懸《かけ》田克《たかつ》躬《み》、木村廉吉、小峰茂三郎、小峰茂之（会計）、古澤平作、丸井清泰（会長）、三浦信之、鈴木雄平、山村道雄の十二名であった。小峰茂之は、小峰茂三郎の父親であり、小峰病院の院長で、日本精神病院協会でも役員として活躍した人物であった。名誉会員の三宅鑛一と小峰茂之を除いて、全て東北大学医学部丸井教室の助手、学生あるいは卒業生であり、基本的に丸井研究室の関係者である。

これについては、設立について記した「東北帝大医学部精神病学教室業報」Ⅲ巻[84]（一九三四）に「なお会員は当分の内東北帝大医学部精神病学教室関係者、出身者とし」との一文が記されていることからも明らかである。また、戦後の設立当初の日本精神分析学会における規定[85]を見ると、日本支部会員は「丸井教授の推薦並に古澤会長、山村の推薦によりまして国際精神分析学雑誌を購読されることが条件の主なもの」（一九五六）とされている。すなわち、当時は丸井を中心に、古澤や山村などの中心メンバーから認められたものが会員になっていたようである。一九三七年には、新たに小川芳雄が加入する。小川も丸井研究室出身の医師であり、のちに宮城県中央児童相談所の所長となった人物であ

表２　仙台支部会員一覧（1935〜1939）

	1935	1937	1939
	仙台支部	仙台支部	仙台支部
会長	丸井清泰	丸井清泰	丸井清泰
書記	早坂長一郎	山村道雄	山村道雄
会計	小峰茂之	小峰茂之	小峰茂之
会員	新井昌平	新井昌平	新井昌平
	土井正徳	土井正徳	新田目五郎
	懸田克躬	早坂長一郎	土井正徳
	木村廉吉	懸田克躬	早坂長一郎
	小峰茂三郎	木村廉吉	懸田克躬
	古澤平作	小峰茂三郎	木村廉吉
	三浦信之	古澤平作	小峰茂三郎
	鈴木雄平	三浦信之	古澤平作
	山村道雄	小川芳雄	三浦信之
		鈴木雄平	小川芳雄
			鈴木雄平
名誉会員（仙台支部のみ）	三宅鑛一	三宅鑛一	三宅鑛一

る。翌年には、同じく丸井研究室の新田名五郎が新しく会員となった。そこからは戦争のために一時的にIPAへの報告が途絶えることになる。つまり、戦前の会員は全て研究室の関係者だったということになる。特筆すべきは、三宅鑛一と小峰茂之の存在である。三宅は、呉秀三の後を継いで東京帝国大学精神医学教室の教授となった人物である。小峰もまた日本精神病院協会発足に尽力するなど、当時の精神医学を牽引した人物である。この小峰茂之が発行人となり、三宅鑛一を中心に作られた精神医学雑誌が「脳」であった。「脳」は一九二七（昭和二）年から一九四〇（昭和十五）年に毎月発行され、森田正馬、金子準二といった当時の精神医学を代表する人たちが原稿を寄せていた。そこに丸井をはじめ、仙台支部の会員たちもまた精神分析の論文を多数、発表したことが確認できる。

それは精神医学の中で精神分析を知らしめる絶好の機会となったことだろう。

また、仙台支部という名称ではあるが、名簿によると、新井昌平、小峰茂三郎、小峰茂之、古澤平作、鈴木雄平の五名は、仙台ではなく東京の住所であった。つまり、仙台支部の会員の半数近くは仙台ではなく、東京に住んでいたということになる。

一九三九年以降、戦争のためにＩＰＡへの報告は途絶えることとなる。そして、一九四九年になってようやく、丸井が仙台は十三名のメンバーがいること、矢部が亡くなって東京支部からは連絡がないことをＩＰＡに報告した。そして、一九五一年、アムステルダムでおこなわれた第十七回国際精神分析学会において、丸井は東京支部が存続していないため、仙台支部を日本支部として名称変更したいとの依頼をＩＰＡにおこない、それが認められることとなった。そうして仙台支部は、日本に唯一の国際精神分析学会の支部となったのである。

このようにして、矢部が設立した日本支部とは異なる、日本のもうひとつの組織が丸井を中心として創られた。そしてこれが現在の日本の精神分析組織の源流なのである。

東北帝大医学部精神病学教室業報

仙台支部の活動を知るために丸井教室のメンバーによって作られた「東北帝大医学部精神病学教室業報」を紹介したい。この雑誌は、仙台支部の設立にまたがって発行されたものであった[84,86-94]（図９）。巻末に掲載された本業報規約には、「毎年二回及び至る四回不定期に刊行し改年と共に巻齢を加ふるものとす」と記されているが、実際には、初年度のみが二回発刊され、それ以降は一、二号合併本となり、六巻の一九三七年までは毎年発刊されていたが、七巻は三年後の一九四〇年、八巻は一九四二年、九巻は一九四三年に発刊されている。目次一覧を表3に示す。

そこに掲載された原著論文三十二本のうち、エドマンド・バークラーと古澤平作のドイツ語論文四本を除いた、日本語の原著論文二十八本を対象として、何らかの面接構造についての記述があり、精神分析が実際におこなわれたことがはっきりと確認できるものは、十二本であった。対象論文一覧を表4に示す。それ以外の論文は、治療経過や症状、生育歴といったものを元に精神分析的理解を述べたものや異文化に対する精神分析的解釈などについて書かれたものである。これらの論文について症例概要、面接構造、精神分析的理解という三つの視点から検討してみることとしよう。

患者の性別、年齢、職業、診断名といった症例の概要については、表5に示した。対象となった患者は七名が男性であり、五名が女性であった。二十代が圧倒的に多く、その半数を占めている。職業は農業から教師、学生までさまざまである。診断名については、恐怖症、不安神経症、赤面恐怖症、精神解離症（統合失調症）、感情変転症などが見られ、この時代を反映するような赤面恐怖などの神経

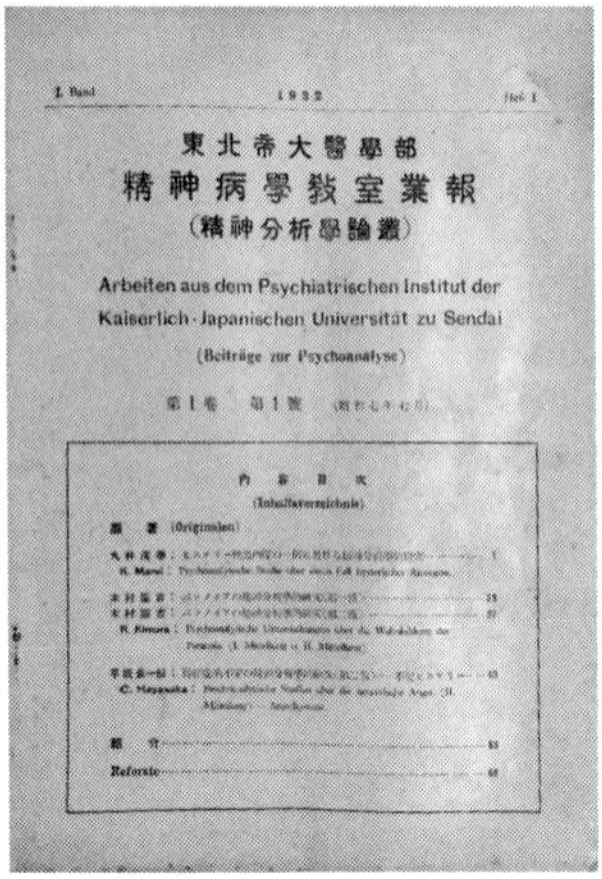
I. Band　1932　Heft 1

東北帝大醫學部
精神病學教室業報
（精神分析學論叢）

Arbeiten aus dem Psychiatrischen Institut der Kaiserlich-Japanischen Universität zu Sendai

(Beiträge zur Psychoanalyse)

第1卷　第1號

內容目次
(Inhaltsverzeichnis)

原著 (Originalen)

紹介

Referate

図9　東北帝大医学部精神病学教室業報創刊号表紙

表3　東北帝大医学部精神病学教室業報目次一覧

第Ⅰ巻1号（1932年7月）		
原著	丸井清泰	ヒステリー性黒内障における精神分析学的研究
	K. Marui	Psychoanalytische Studie über einen Fall hzsterischer Amaurose
	木村廉吉	パラノイアの妄想形成に関する精神分析学的研究　第一報
	木村廉吉	パラノイアの妄想形成に関する精神分析学的研究　第二報
	R. Kimura	Psychoanalytische Untersuchungen über die Wahnbildung der Paranoia. (I. Mitteilung u. II. Mitteilung)
	早坂長一郎	神経症的不安の精神分析学的研究（第二報）不安ヒステリーについて
	C. Hayasaka	Psychoanalytische Studie über die neurotische Angst
紹介	木村廉吉訳	フロイド「リビドー関係による個人型に就て」
	早坂長一郎訳	フェニッヘル「ヒステリーと強迫神経症」中の「不安ヒステリー」
Reference		
第Ⅰ巻2号（1932年12月）		
原著	木村廉吉	パラノイアの妄想形成に関する精神分析学的研究　第三報
	R. Kimura	Psychoanalytische Untersuchungen über die Wahnbidung bei Paranoia. (III. Mitteilung, Grössenwahn)
	早坂長一郎	神経症的不安の精神分析学的研究（第一報）　不安神経症と魘夢
	Ch. Hayasaka	Psychoanalytische Studie über neurotische Angst
紹介	早坂長一郎訳	フロイド著　「強迫症と恐怖症」(1895)
	木村廉吉訳	フロイド著　「子供の性的啓蒙の為に」(1907)
	山村道雄訳	フェルドマン著「赤面について」(1922)
第Ⅱ巻1・2号（1933年6月）		
原著	古澤平作	交互性正確神経症と症状神経症
	H. Kosawa	Alternierende Charakter- u. Symptomneurose.
	古澤平作	強迫神経症にみられたる魔術的身振について
	H. Kosawa	Magische Mimik bei einer Zwangsneurose.
	古澤平作	所謂神経衰弱症の精神分析
	H. Kosawa	Psychoanalyse einer sogerannten Neurasthenie
	早坂長一郎	神経症的不安の精神分析学的研究（第三報　不安症）
		Psychoanalytische Studie über neurotische Angst (III. Mitterilung, Augstneurose)
	山村道雄	赤面恐怖について（第一報）
	M. Yamamura	Psychoanalytische Studie über Erzthrophobie (I. Mitteilung)
紹介	早坂長一郎訳	フロイド著「不安と本能生活」（精神分析入門講話続編　第三十二講）(1933)
	早坂長一郎訳	フロイド著「神経症罹病の諸型について」(1912)
第Ⅲ巻1・2号（1934年12月）		
原著	丸井清泰	鬱憂症に於ける摂取過程に就いて
	K. Marui	Uber den Introjektionsvorgang bei Melancholie
	山村道雄	赤面恐怖症に就いて（第二報）
	M. Yamamura	Psychoanalytische Studie über Erythrophobie (II. Mitteilung)
	早坂長一郎	神経症的不安の精神分析学的研究（第4報　刃物恐怖症の1例）
	Ch. Hayasaka	Psychoanalytische Studie über neurotische Angst (IV. Mitterilung, Ein Fall von Messerphobie)
紹介	木村廉吉訳	アレキサンダー著「自我心理学の発達」(1933)
	早坂長一郎訳	フロイド著「不安と本能生活」（精神分析入門講話続編第三十二講）（承前）(1933)
第Ⅳ巻第1・2号（1935年12月）		
原著	山村道雄	赤面恐怖症について（第三報）
	M. Yamamura	Psychoanalytische Studie über Erythrophobie (II. Mitteilung)

	早坂長一郎	神経症的不安の精神分析学的研究第五報（浮動性不安）
		Psychoanalytische Studie über neurotische Angst. (IV. Mitterilung, frei-frottierende Angst)
滙《かい》算	P.R. Hofsrätter (Wien)	Die pszchoanalyse in pragmatischer Darstellung (1935)
	早坂長一郎	フロイド著「強迫神経症の素因」（神経症選択の問題に関する一考察）
第Ⅴ巻第1・2号（1936年12月）		
	木村廉吉	精神解離症の精神分析学的考察
	R. Kimura	Psyanalytische untersuching von vier Fällen von Schizophrenie
	山村道雄	人嫌いの傾向に就いて　附　魔術性感情転移の発生機転
	M. Yamamura	Über Menschenscheu. Beitrag zur Genese der magischen Übertragung
	土井正徳	憑依及神託を主徴候とする心因性精神病について　一報　其臨床的観察
	M. Doi	On s Mendal Disease Caused by Possession and Oracle
	土井正徳	憑依及神託を主徴候とする心因性精神病について　二報　其心的機制の考察
第Ⅵ巻第1・2号（1937年12月）		
原著	山村道雄	「ヒステリー」婦人患者に於ける感情変転症（Stimmungswechel）に就て
	Dr. M. Yamamura	Über Stimmungswechel bei einer Hysterika
	Dr. Edmund Bergler	Über einen ubiquitären Abwahrme chanismus des unbewußten Ichsä „ein sinnloses Wort verfolgt mich
	土井正徳	憑依及神託を主徴候とする心因性精神病について　三報　精神分析学的考察
	Dr. Masanori Doi	On a Mental Disease caused by Possession and Oracle
新刊紹介	Dr. Edmund Bergler	Die psychische Imoiteny des Mannes, (1937 Verlag Hans Huber Bern.)
第Ⅶ巻第1・2号（1940年4月）		
原著	丸井清泰	所謂偏執病性機制に就いて　二例の急性偏執病例に於ける精神分析学的考察
	土井正徳	満州人に見られたる憑依の異常心理に基づく犯罪行為
	丸井琢次郎	ヒステリー性発作について　17歳の少女に現れたる特異なる発作の精神分析的解釈
	山村道雄	人嫌いの傾向について（第二報）
雑算	土井正徳	人格学序説　精神医学の起始及終結としての
Originalen (Regerate)	Prof. Dr. K. Marui	Zur Kenntnes des paranoischen Mechanismus; eine psychoanalytische Studie an zwei Fällen akuter paranoia
	Dr. M. Doi	Die Tat einer mandschurischen Hausfrau infolge von Bessenheitswahn
	Dozent Dr. Takujiro Marui	Über einen hzsterischen Anfallö eine pszchoanalztische Untersuchung bei einem eigentümlichen hzsterischen Anfall einer 17 jährigen Hysterica
	Dr. M. Yamamura	Über Menschenscheu (II. Mitteilung)
第Ⅷ巻（1942年3月）		
原著	小川芳雄	同性相親症の精神分析学的一考察
	Dr. Y. Ogawa	Eine psychoanalytische Studie über homosexuelle Perversion
	土井正徳	回心。宗教真理の精神医学的研究
		Über die Bekehrung eine religionspsychologische Studie in psychiatrische Hinsicht
第Ⅸ巻第1号（1943年12月）		
原著	山村道雄	欠伸現象についての精神分析的考察
	Dr. M. Yamamura	Psychoanalytische Studium über Gähnen (I. Mitteilung)
	土井正徳	関東州における漢民族精神構造の研究（第一報）
	Dr. M. Doi	Studium über psychischer Struktur von Han-Rasse in der Kwantung-Provinz. (I. Mitteilung)
	土井正徳	関東州における漢民族精神構造の研究（第二報）第一編　管内における民間信仰・大神とそれに関係ある精神異常
	Dr. M. Doi	Studium über psychischer Struktur von Han-Rasse in der Kwantung-Provinz. (II. Mitteilung)

表4　対象論文一覧

番号	巻号（出版年月）	著者	タイトル
1	第Ⅰ巻1号（1932年7月）	早坂長一郎	神経症的不安の精神分析学的研究（第二報）不安ヒステリーに就て
2	第Ⅰ巻2号（1932年12月）	早坂長一郎	神経症的不安の精神分析学的研究（第一報）　不安神経症と魘夢
3	第Ⅱ巻1・2号（1933年6月）	早坂長一郎	神経症的不安の精神分析学的研究（第三報　不安症）
4		山村道雄	赤面恐怖について（第一報）
5	第Ⅲ巻1・2号（1934年12月）	山村道雄	赤面恐怖症に就いて（第二報）
6		早坂長一郎	神経症的不安の精神分析学的研究（第四報　刃物恐怖症の1例）
7	第Ⅳ巻第1・2号（1935年12月）	山村道雄	赤面恐怖症について（第三報）
8		早坂長一郎	神経症的不安の精神分析学的研究第五報（浮動性不安）
9	第Ⅴ巻第1・2号（1936年12月）	木村廉吉	精神解離症の精神分析学的考察
10		山村道雄	人嫌いの傾向に就いて　附　魔術性感情転移の発生機転
11	第Ⅵ巻第1・2号（1937年12月）	山村道雄	「ヒステリー」婦人患者に於ける感情変転症（Stimmungswechel）に就て
12	第Ⅶ巻第1・2号（1940年4月）	山村道雄	人嫌いの傾向について（第二報）

表5　事例概要（番号は表4に対応）

番号	患者性別	患者年齢	職業	診断
1	男性	26	吏員	道路恐怖症
2	女性	25	中学校教師	不安神経症
3	男性	28	商人	不安神経症
4	男性	22	金物商手伝い	赤面恐怖症
5	男性	22	農業	赤面恐怖症
6	女性	50	素人下宿業	刃物恐怖症
7	女性	19	女子専門学校3年生	赤面恐怖症
8	男性	46	漁師（前職）	不安神経症（恐怖症　不安ヒステリー）
9	男性	26	学生	精神乖離症
10	男性	19	中学4年生	精神乖離症（人嫌い）
11	女性	16	某高女　3年生	感情変転症（ヒステリー症）
12	女性	18	記載なし	赤面恐怖症（人嫌い）

表6　面接構造（番号は表4に対応）

番号	入院・外来	分析期間	総分析回数	面接頻度	面接時間	精神分析の方法
1	外来	4ヶ月	35回	1週間に2回および3回	2時間前後	訊問法と自由連想法。夢の分析は殆どその必要を認めなかった。問答は全て患者の面前で筆記した。
2	入院	6ケ月	21回	1週間に1回および2回	1時間から2時間	問答は全て患者の面前での速記。他に2回の手記と1冊の夢日記を持参。
3	入院　外来	7ヶ月	102回	毎日（退院後は週に1回位。後には1ヶ月に1度位）	2時間前後	方法は、訊問法と自由連想法。夢は、分析の有力な手がかりとなったものはひとつだけである。問答は全て患者の前で速記。
4	入院	記載なし	62回	毎日（外来になってからは隔日）	1時間	自由連想
5	入院	記載なし	171回（1回目の入院時が87回。2回目には84回）	毎日	1時間	自由連想および夢の解釈。夢は患者に手記せしめた。
6	外来	2年間	94回	記載なし	記載なし	分析の方法は自由連想を主とし、補助的に訊問法を用いた。問答は全て患者の面前で速記した。
7	外来	記載なし	記載なし	記載なし	記載なし	記載なし（「分析施行中」という記述はあり）
8	外来	記載なし	10回。	1週間に2回（2日連続的に）	2時間以上	記載なし（「分析的処置」という記述はあり）
9	入院	記載なし	25回（入院3日目から退院の150日目の間に20回。退院半年後に5回）	記載なし	記載なし	記載なし（「分析的処理をなし」という記述はあり）
10	記載なし	記載なし	記載なし	記載なし	記載なし	自由連想法
11	入院	記載なし	記載なし	記載なし	記載なし	自由連想
12	入院	記載なし	記載なし	記載なし	記載なし	自由連想

症水準のものから、自殺企図を繰り返し病院内で窃盗をするなどの行動化の激しい人格障害水準の患者、そして妄想や幻聴を主訴とする精神病水準の患者まで精神分析がおこなわれていたことが分かる。

それらの事例のうち、その半数は治療を終えた終結事例であった。さらにその後の様子まで報告されているものが四本あった。そこでは、いずれも治療を終えて数年経っても健康に働いていることが報告されている。

面接構造についてまとめたものを表6に示す。十二本のうち、面接頻度、面接時間、面接回数、面接期間全てが明確に示されているものは三本でいずれも早坂長一郎によるものであった。ここで注目すべきは、やはり面接頻度であろう。日本では、週に一回の精神分析的精神療法がよくおこわれるため昔からこの方法が続いてきたとみなしがちである。しかしこれを見ると一週間に複数回、さらには毎日分析をおこなっていた症例も三例認められる。日本は昔から週に一回という頻度でおこなっていたわけではなかったのである。

他方、当時の面接設定についてであるが、入院と外来の両方でおこなわれていたようである。面接時間は、山村は一時間であったようだが、早坂の症例はほとんどが二時間であった。面接期間については、期間が明記されている四例のうち三例は一年未満であり、一例のみが二年間であった。具体的な方法については、「訊問法」と「自由連想法」であり、「問答は全て患者の面前での速記した」事例や夢日記を持参させていたものもあった。また、論文の引用文献には、フロイトのみならず、フェレンツィ、アブラハム、アレキサンダーなど同時代の新しい論文も複数見られ、海外の最新文献を積極的に取り入れていたことが分かる。

精神分析的理解の特徴としては、性欲論に重きが置かれ、性の抑圧という視点からの考察が目立つ。例えば、夫の死後より刃物を怖がるようになり、「男性から刃物で切りつけられるんじゃないか」という恐怖に怯えるようになった下宿屋を営む女性の症例においては、刃物は男性性器の象徴として捉えられ、リビドーの鬱積が原因であり、そのはけ口を長男あるいは下宿人に求めていたのだと解釈されている。

さらに転移状況に関する記述は比較的多く認められ、例えば先述した刃物恐怖の症例では、以下のような記述が見られる。

　最初の毅然とした打ち解け難い態度はかなり長く続いた。ところが性生活の話をした後は、極めて徐々にではあるが、その態度がきわめてkoketischになってきた。例えば甘えるような口調で話したり、流し目を使ったり、袂《たもと》で口元を覆ったり、妙に身体をくねらせたり、その様子も処女のはにかみにも似ている。（中略）これらの現象は、感情転移愛の強きことを示す物であり、いかに患者にそれを説明しても理解されないらしく、これは最後まで揚棄されずにしまった〔ママ〕。[84]

この記述を見る限り、転移関係については丸井の症例と同じく「感情転移愛」であることを説明するという教育的態度が取られていたようである。

ところで、この十二本の論文を書いたのは、木村廉吉、早坂長一郎、山村道雄の三名である。執筆者たちについて簡単に紹介していこう。

木村廉吉は、京都大学経済学部を卒業後、東北大学医学部に入学し、「精神解離症の精神分析的研究」によって学位を取得した人物である。一九三七年に東京に上京して開業し、分析室を設けて精神

図10　東北帝大医学部精神病学教室（日本精神分析学会50周年記念展示会資料より）

分析を続けていたようであるが、一九四九年には、浅井昌平とともに亡くなったことがＩＰＡに報告されている。

早坂長一郎は、最初に仙台支部の書記を務めていた人物である。一九三七年には東北大学を離れ、神戸に移り、さらに一九三九年以降は西宮の精神科病院に勤務した後、一九五二年に仙台に戻ったことが分かっている。

山村道雄は、早坂の後を継いで仙台支部の書記になった人物である。その後、東北帝大医学部精神病学教室で助手、講師、助教授となり、一九五〇年に弘前大学医学部精神科の教授に就任している。精神分析学会にその功績を称えた「山村賞」があることからも分かるように、日本の精神分析の礎を築き、多くの後進を育成したことで知られている。

当時、精神分析に対する批判や誤解、中傷とい

図11　丸井教室の研究員たち（日本精神分析学会50周年記念展示会資料より）

ったものは数多くあった。彼らは日本で精神分析が認められるために、それらと戦うことを余儀なくされた。なかでも、森田正馬は精神分析に痛烈な批判をくり返していたことで知られる。第Ⅱ巻に掲載された山村道雄（一九三三）の「赤面恐怖について（第一報）」は神経学会において森田正馬と論争になり、その論文の脚注に記された森田への反論が記されている。

森田博士はかつて精神分析の治療効果について、今村博士が懺悔の心理をもって説明されたことを引用しておられるが、精神分析は今日では単なる懺悔と同一視すべき程しかも簡単なものとはなっていないのである。森田博士は精神分析療法においては患者が医者からきはどき性的のことが暴露されることによる感動によって治癒するものではないかといっておられるが、これは精神分析を強《し》い、精神分析療法を誤解するの甚だしいものであると言はねばならない。[88]

このように仙台支部のメンバーは丸井を筆頭として、精神医学の中で精神分析が認められるために、治療に、そして研究に奮闘していた。「精神分析学論叢《ろんそう》」と副題が付けられた東北帝大医学部精神病学教室業報は、彼らのそうした熱意が伝わってくるものである（図10・図11）。

丸井の功績

丸井は、自身のことについてほとんど書き残していない。また、随筆などといった精神分析や精神医学以外の論考はなく、そのプライベートは見えにくい。加えて論文や著書における語り口は固く、教科書的で隙がない。丸井の学生時代を知る人物は、丸井が謹厳な勉強家で、社交的ではなく、友人も「極めて少なく」「君子の風格」があったと述べている。[57] それはきっと終生、変わらなかったのであろう。丸井がアメリカに渡った時、そこには精神分析を根付かせようとする、ある種の熱気があったと思われる。丸井はその熱をそのまま日本に持ち帰ってきたのかもしれない。丸井研究室の一員であった吉松捷五郎《しょうごろう》は、仙台から東京の松沢病院に移った際、教室にいた時には「精神分析の話は丁度三度のご飯のように少しも珍しいものとも不思議とも思わないで」いたのに、東京の人たちが精神分析をまるで正体の分からないものとして取り扱っていることに驚いたと記している。[95] 先述したように、留学で精神分析に出会ったのは丸井だけではなかった。精神分析を紹介したり、精神分析を施行したりする人たちも存在していたが、さまざまな理由で彼らの熱は長くは続かなかった。けれども丸井は違った。丸井は忠実にマイヤーの教えを取り入れ、真面目に精神分析に取り組み続けた。

小泉（二〇〇九）[96]は当時の日本の精神医学の状況について興味深い指摘をしている。一九一三年に野口英世が、進行麻痺が脳の梅毒であることを突き止めた。すなわち、不治の病とされていた進行麻痺という精神病に病原菌が認められた。それによって、精神病はすべて目に見える原因が存在するという確信が生まれたのだという。結果、精神病者が死亡したならば、その脳を取り出して解剖し、病理組織学的に解明しようとした。もともと丸井は精神分析を勉強するために留学したわけではなかった。丸井は、「脳細胞の形態及び機能に関する研究」の目的のためにアメリカへと渡った。マイヤーの指導を受けて留学中に書き上げたのも「中樞神經炎。附、膠質細胞内一新顆粒（「ヌクレオプロティド」様顆粒）ニ就テ」[97]である。つまり、丸井もまたその流れの中で、組織病理学の研究をおこない、そのために留学したのである。しかし、留学は丸井に異なる精神病の理解をもたらすこととなった。

丸井は、さまざまなところで、ドイツ流の態度、すなわち「ドイツの精神病学の叙述的態度」「発生学的観察態度に対する無視」「物質偏重の傾向」に陥っていることに苦言を呈している。ドイツ一辺倒であった日本の精神医学に、その個人の背景を丁寧に見るという視点を導入した功績は大きなものではないだろうか。そこには、丸井の病いを抱える人々に対する深い共感的態度が垣間見える。最後に研究室十五周年記念謝恩会における丸井清泰の言葉を紹介しよう。

心に悩みを持つ人々の友となり、これに心の安定と静けさを与へやうとする人は、何よりも先ず人の心を理解せねばならぬ。そして人の心を理解する為には、それに先立って自らを理解する事が前提される。（中略）けだし人は自分が判れば判る程、亦他人が判り、それに対して正しい態度行動を要求する事大なる程、益々自己の責任の重大さを加え、且つ自己を律する事の厳正さを加え来る訳であるからである。[95]

第三章　文学者の精神分析——大槻憲二

一　大槻憲二と精神分析の出会い

大槻憲二の評価をめぐる問題

大槻憲二（一八九一—一九七七）（図12）は、精神分析に関する膨大な数の論考を残した。その多くが掲載された雑誌「精神分析」は、戦前の精神分析について調べようとするとまず目に入る出版物である。そうした理由からか、これまで日本の精神分析史において、大槻はある一定の評価を与えられてきた。しかしながら、精神分析に多少なりとも精通している人が読めばすぐに気づくように、大槻の精神分析の理解、特に臨床についての理解はさまざまな問題を含んでいる。そのため、可能ならば大槻については、雑誌「精神分析」の出版や東京精神分析研究所の活動によって精神分析を一般に広く知らしめたという功績だけを記して終わっておきたいところである。しかしながら、ここで大槻を正面から取り上げざるをえないのは、二〇〇一年にＩＰＡの雑誌である *International Journal of Psy-*

cho-Analysis に、ジェフリー・ブロワーズ（Geoffrey Blowers）と楊雪姫（Serena Yang Hsueh Chi）による論文 "Ohtsuki Kenji and the Beginnings of Lay Analysis in Japan"[98] が発表されたためである。香港大学の名誉教授ブロワーズと、日本で育ち、後に香港大学で学んだという楊雪姫のふたりが書いたこの論文は、大槻の論考や自伝、さらに分析家や大槻の家族へのインタビューを通して日本の精神分析において大槻が果たした役割を再評価したものである。本章の中心をなすのは、この論文への批判的見解である。

まず本論に入る前に大槻がどのような人物だったのかを示しておきたい。そうすることが、大槻の精神分析を評価する際の手助けになると思うからである。

大槻の半生

大槻は、一八九一（明治二四）年兵庫県洲本市紺屋町に生まれた。淡路島の中部に位置する小さな町である。父親は判事だったが、弁護士として神戸で開業することになり、生後一年で神戸に移っている。そして、神戸一中を卒業した。奇しくも、丸井清泰と同じ中学校であった。

父親の仕事は順調で、大槻は裕福な家庭に育った。自伝[99]には、四、五歳の時に父親から「お前は大きくなったら何になるつもりか」と尋ねられ「坊は大きくなったら偉いものになろうかしらんと思っている」と答え、その頼りなさを大笑いされたというエピソードが披露されている。「なろうかしらん」と頼りなげに答えたというように、幼い頃から用心深く、その用心深さは超自我が高かったことを意味するとの説明が自伝では続く。しかし、これはどちらかといえば、「なろうかしらん」の頼りなさよりも、「偉いものになろう」にインパクトを感じるエピソードであろう。大槻には一歳違いの兄がいた。病弱で、学業も運動も大槻の方がよくできたが、兄は美男子で大槻とは容貌が全く似ておらず、皆がその兄のことを「実」という名で呼ぶことから、大槻は「私が妾腹の子で兄が本妻の子」という噂が信じ込まれているに違いないと、思春期にかなりの侮辱を感じていたらしい。大槻はこのことによって妾腹の子の悩みに十分な理解と同情を持つことができるようになったので、「分析医としての私を試練完成するための運命の恵みであったと感謝している」と結んでいる。

小学校時代の成績は常に首席であった。けれども中学校に入ってから英語以外の科目は落ち込み、英語の次に図画が得意だったため、将来は画家になろうと絵画に集中していたところ、英語の成績も下がってしまった。その頃、兄は肺結核を患い、大槻が美術学校の一年の時に亡くなっている。美術学校では、秀才が多く、到底自分が彼らと競争できないことを悟り、大槻は実技よりも理論的考察に関心を向けるようになる。さらに美術学校二年の時に、腸チフスにかかり、母親が看病に訪れたが、看病をしている間に母親が感染し、亡くな

図12　大槻憲二

っている。当然のことながら、この出来事は大槻に大きなショックを与え、罪悪感に苦しむこととなったものであった。

その後、大槻は東京美術学校を中退し、早稲田大学文学科予科に入学した。予科とは、本科に入学する前の教育課程のことで、旧制高等学校に準じる課程のことである。そして一九一六年に早稲田大学の本科（英文科）に入学する。そこで文芸評論家の長谷川天渓《てんけい》と出会った。長谷川は一九一〇年にロンドンに二年ほど留学し、帰国して早稲田の講師になり、精神分析についての講義もおこなっていた。のちに長谷川は『文芸と心理分析』（一九三〇）『遠近精神分析観』（一九三六）を出版している。よって大槻は早稲田大学時代にも精神分析を学ぶ機会があったと思われるが、大槻自身は大学卒業後、就職した鉄道省で出会った矢部八重吉を通して精神分析を知ることになったと記している。大槻は、「学校外で精神分析学を発見するまでは、自分が素質的に心理学者であり心理家であることに就いて全然自覚がなかった」とも書いている。大学時代にはまだ精神分析には関心を持てなかったのかもしれない。その後、大槻を介して長谷川と矢部が出会い、その三人で東京精神分析学研究所の前身となる精神分析学研究会を、一九二八（昭和三）年に設立することとなった。

そして大槻は、結婚と同時に鉄道省を辞職し、文筆活動に専念するようになる。そこではまず、壁紙やテキスタイルのデザインでよく知られている、ウィリアム・モリスの『芸術のための希望と不安』を訳出した。ウィリアム・モリスは、デザイナーであるのと同時にマルクス主義者を自認する社会運動家でもあった。次にイタリアの哲学者、ベネデット・クローチェの『美学及び美学史』を翻訳する。これは英独版からの訳出だったようである。そして続いて大槻は、『フロイド精神分析学全集』に取り掛かった。そして、『フロイド精神分析学全集』が一先ず終了した一九三三（昭和八）年に雑誌「精神分析」を発刊する。雑誌は当初、不二出版から刊行されたが、「思ったほど利益があがらず」三号ほどで投げ出されてしまい、大槻の自宅を住所とする東京精神分析学研究所からの刊行となった。毎号毎号赤字続きで、大槻は父親の遺産をあてて出版をし続けた。大槻のかなりの数に及ぶ論考のほとんどが、この東京精神分析学研究所からの出版物であったことには注目しておきたい。すなわちそれは大槻がいかようにもできる媒体だったのである。大槻はそのような環境の中で、精神分析の論考や著書、訳書を破竹の勢いで発表していく。

削除された時代　反マルクス主義文学評論家としての大槻憲二

大槻の自伝では、こうした流れで精神分析と出会うまでがまとめられている。大槻に関する研究の多くもほぼこれを踏襲し、大槻が精神分析の論考を発表するようになった経緯が説明される。

しかしながら、ここには曾根（二〇〇八）[100]が指摘しているように、すっぽりと抜け落ちている時期がある。大槻が東京精神分析学研究所を設立し、春陽堂から『フロイド精神分析学全集』の出版を開始したのは四十を過ぎてのことである。鉄道省を辞職し、文筆活動に入った最初の時期はここに描かれていない。そこからすぐに大槻は、精神分析について書き始めたわけではなかった。しかし自伝の著書目録にも、大槻に師事した福田杲正《こうしょう》による大槻の文献目録にも、なぜかその時期の論文はごっそ

り省かれている。つまりそれらは意図的に削除されているのである
曾根（二〇〇八）[99]によると、大槻は早稲田大学在学中に「早稲田文学」に小説を投稿したり、鉄道省に在職中にも同人雑誌「基調」を創刊して、小説を発表したりしていた。さらに「基調」のあとにも、月刊文芸美術音楽誌「内在　Die Immanenz」を友人たちと創刊し、美術関係の翻訳、評論、書評などを手がけたりした。そうした経験を元に大槻は、早稲田大学を卒業後、文芸評論家としてデビューしたのである。そして、しだいに反マルクス主義の立場として文壇に登場し、プロレタリア文学者たちと論争を繰り返すようになっていく。それらは「粗雑な文学論を是正する」と大胆にも主張するもので、しかしその内容は批判というより悪口に近く、まるで喧嘩をしかけているかのようなものであった。当然の事ながら、大槻のそうした行動に対して痛烈な応酬がおこなわれた。例えば、「文学に於ける階級意識の止揚を論ず」[101]（一九二六）という無産階級意識の廃棄を主張した論文に対しては、プロレタリア作家として当時、駆け出しであった林房雄から「たあいのない論拠と空疎な内容としか持っていない厄介な文革論である。それでいて「無産階級芸術などという名は、いかにもみじめで物欲しそうで、それに携はるものの意識を知らず知らずのうちにいびつにするものである」（「新潮」九月号九五頁）などと威張ってみせる不遜極まる文学論」と言われ、「降る雪は払はねばならぬ。無産階級文学の進路を清めるためには、強力な排泄機関車が必要である」として、徹底的に批判されている。[102]
他にも、「太陽」の文芸時評「イデオロギーと文学との問題——全プロレタリア評論家への質疑」（一九二六）においてはプロレタリア思想の評論家山内房吉から批判され、「マルクス派文学論の根本

だったと捉えることもできるだろうが、傷つきを認められなかったとみなすこともできるものだろう。

二　大槻の精神分析臨床

大槻の精神分析

大槻の精神分析への関わりの中で最も問題となるのは、おそらく大槻の臨床である。大槻は、自身のことを「分析医」と呼んだ。「分析医」大槻の臨床を知るには、大槻の古希を祝って出版された『私は精神分析で救われた　大槻憲二先生治療業績記録』[105]という本が手掛かりとなる。これは、大槻に感謝を述べる二十三人の体験記が顔写真とともに掲載されたものである。その七年後には喜寿の記念として続編となる『続・私は精神分析で救われた　大槻憲二先生治療業績記録』[106]も出版されている。

まず、その緒言が興味深い。そこには自分としては治療を始めるつもりではなかったが、周囲の要望によって治療を始めたという自己弁護が繰り返される。大槻は言う。

自分は医科出身でないので、その事を始めは遠慮していて、あの有力な宣伝機関「精神分析」誌を擁していながら、続刊期間九年にわたって一度も分析治療の広告など出した事はなかった。私は自分でもあまり自信はなかった。ただ、患者たちの切なる乞いに応じてやむなく少しずつ、治療目的よりも研究目的のために引き受けていた。[105]

さらに大槻はこう続ける。

> 私は元来、医者ではなく、文科系の素質と教育とを受けてきたものであるから、精神分析学を研究するにも、その方面に重点を置いて、治療——は多分、理科的なことだと思い込んでいたので——に手を出すつもりはなかった（中略）その内に、患者の方から私に治療を乞う人がぽつぽつ出て来たので、私は自分の学習と知識とを実地に適用して見たいという内的要求と、実地検証に裏付けられない単なる知識に止まりたくない学的良心と、自分から押し売りしたのではないという自己批判の緩和とに力付けられて、少しずつ治療の実際に当たっていくことになった。いわば、患者と読者とが否応なしに私を治療家に仕立て上げてしまったようなものである。[105]

このように自信のなさと消極的な思いが綿々と綴られているが、後半は「遠慮から攻勢への転換」と題され、一転して「医学だの、精神医学だのと深刻らしい顔付きはしているが、実はほとんど何も確定的なことは判っていないのではないかと、結論するようになってきた」と、医師や医学への批判をおこない、加えて自分は医学界から「数々の卑怯な圧迫や策謀を受けた」と「医科系出身者たちは精神分析を医科系（理科系）のものだと考えたがっており、文科系の人々を締めだそうしている」と訴えている。そして、最後には大槻が見出したという「真の医道の発見」へと論は続いていく。自身が見出したその治療法にはかなりの自信があったようで、「西洋の分析学ではその治療は平均三百時間を要し、期間にして五、六年もかかることになっている」が、「私は平均十回（二十時間）期間は大体、一、二年と見ている」と述べている。十回で二十時間ということは、一回につき二時間であろうし、一、二年で十回とは、一ヶ月に一回あるいは二ヶ月に一回という頻度になるであろうか。その枠組みだけでも、精神分析と呼ぶには難しいように思われるが、その臨床の内容はさらに問題を含むものである。

大槻の臨床は、大槻が編み出したというフロイド学説の発展としての生命学説に沿ったものである。それは、精神療法と肉体療法の統合療法とされる。大槻の生命学説を学んだ谷内正夫は、フロイドが望みつつも到達できなかった二元的一元論による宇宙万物、森羅万象に共通する原理を大槻が確立し、心理学の一分野であった精神分析を、二元学としての生命分析学にまで高めたと褒め称えている。「大槻師こそはまことにフロイド正統の学者と云うべきでありましょう[105]」と谷内は言う。生命学の基盤は「力学的生命観」という大槻が考え出したものであり、それは「即ち、生命の機制を物理学的に概念して、そこに保存・反保存（即ち安定・反安定）両傾向間の拮抗調和（即ち分裂の可能性）を認識する[107]」ことであるという。

ずいぶん難解な表現がなされているが、要は心身をひとつのエネルギーの総体として捉え、不調を心身のエネルギーのバランスが崩れたものとしてみなすという見方のようである。一見すると、フロイトによるリビドー論の経済的見解を引き継いだもののようにも思えるが、「病気はすべて心身、または生命力の内向によるその機能の分裂に外ならないので、生命力を外向」させなければならないといったような記述からは、そこに含まれる内向や外向という言葉も含め、かなり大槻独自の意味が与えられているように思える。そして結論として大槻が導き出すのは、外向のための精神面での働きかけとしての精神分析と、それだけでは「埒が明かない」ことからおこなう肉体的な外向法としての肉体五法である。それは（一）大声、励声を発すること、（二）灸をそえる、（三）腕、足に力をいれて動かすこと、（四）姿勢を正すこと、（五）皮膚摩擦、浴後の水かぶり、である。

加えて「私の著書を精読してその示唆に従って単独努力しただけで諸々の慢性病――神経病のみならず肉体病をも――癒している事例が極めて多い[105]」と大槻自らが誇らしげに述べているように、『私は精神分析で救われた　大槻憲二先生治療業績記録[105]』に掲載された患者の多くは、大槻の書籍を読んで症状が改善したというものや研究会に参加して改善したという報告なのである。そこからも大槻の臨床に対する態度や理解がうかがえることであろう。

大槻の臨床の実際

それでは実際に大槻はどのような臨床をおこなっていたのだろうか。これについては、さまざまな文献を当たってもなかなか見えてこない。具体的な治療経過や、患者と治療者双方のやりとりを記した事例論文が大槻の業績の中には見当たらないのである。そこで手がかりとなるのは、やはり『私は精神分析に救われた　大槻憲二先生治療業績記録[105]』に掲載されている患者からの報告であろう。

「悪癖との苦闘史」というタイトルで寄稿している伊藤荘重という男性は、激しい自慰行為に悩み、大槻から手紙による通信分析を受けたと報告している。その結果、二歳当時における脱腸が「生命力のヒビ」として重大な原因になっていたことが判ったと患者は述べる。そこで紹介されている大槻からの手紙の回答は以下のようなものである。

これでみると父は小心で、外へ出ては意気地なく、女性的幼児的で、家の中でのみ威張り、子供達から攻勢をとられるのを恐れて威圧をもって挑んだものと解せられる（中略）このような愛憎両極面をヒステリー的、分裂的に示されたら、子の生命力は正常に伸びず、子供もまた女性化して愛憎分裂を来す。

五章で詳しく述べるが、当時、手紙を使った通信分析がおこなわれていた。大槻もそうした通信分析の実践をおこなっていたようである。大槻の通信分析の方法については、より詳しい記述も確認できる。大槻生命学に立つ分析治療家として児童相談所で治療活動に携わっている、という竹内清によると、一週間に一度位の割合で生育歴、病歴、環境歴などを報告すると、大槻から解答が送られてきたのだという。

また、佐賀県の森八郎の報告には、大槻がおこなっていた「精神分析」についてのやや詳しい状況が描かれている。森は、二階の明るい書斎にて、五日間、午前と午後の二回に分けて分析を受けたという。ただ、この「分析」でどのようなことがおこなわれたかについての記載はみられない。

アンナ・フロイトの『児童分析法』を訳した樋口由子もまた、大槻の自宅を訪ねて「分析を受けて、主訴の動物恐怖は軽減され」たとのことであるが、何がなされたのかは不明である。ただ、「死の本能の強烈なことを指摘されて、それからよくなったようです」と一言述べられている。どのようなことから死の本能の強烈さが解釈されたのであろうか。樋口由子の報告で興味深いのは、彼女が失恋をして自殺をしかねない状態になった時に、大槻が散歩に連れて行ってくれたり、大槻夫人が伊豆の温泉や日光の旅行につれていってくれたりしたことに感謝が述べられていることである。親切な夫婦であったのだろう。人は善意に救われるものである。しかしながら、親切な知り合いに救われることと、精神分析に救われることは根本的に異なるものだろう。

そのようにこの「精神分析に救われた」と題された本に紹介されているものの多くは、大槻の著書や研究会、あるいは大槻夫妻との出会いそのものに救われたという内容であり、肝心の精神分析臨床を発見することはなかなかできないのである。しかし、こうした限られた情報だけでも大槻の臨床が精神分析とは異なる、大槻独自のものだったことは明らかである。丸井の問診のような精神分析や、後述する古澤の通信分析など、同時代の他の日本の分析家たちもみな厳密には精神分析とは言い難い臨床をおこなっていたところがあった。確かに草創期の精神分析家たちの精神分析にはそういう側面がある。が、大槻の臨床はなかでも精神分析と呼ぶには困難なものである。

三　東京精神分析学研究所について

東京精神分析学研究所の創設

しかしながら、大槻が中心になって運営した東京精神分析学研究所の活動は、日本の精神分析運動の発足に大きく貢献したものである。香港の研究者たちは、大槻夫人へのインタビューを通して、古澤が日本精神分析学会を創設した際、東京精神分析学研究所の雑誌である「精神分析」を学会の公式の雑誌にしたいと思っていたことを明らかにしている。古澤も丸井も一時期は、雑誌「精神分析」に原稿を寄せていた。雑誌「精神分析」をはじめとして、東京精神分析学研究所がこの時代に果たした役割は実に大きい。

東京精神分析学研究所は、一九二八（昭和三）年に大槻憲二、矢部八重吉、長谷川天渓（長谷川誠也）で始めた精神分析学研究会を元に創られた。が、設立して間もなく大槻を中心とした組織へと変わっていった。設立メンバーは、「長谷川誠也、対馬完治、長田秀雄、大槻憲二、矢部八重吉、松居松翁《しょうおう》、馬渡一得、酒井由夫その他」で、研究所の幹事は「長谷川誠也、大槻憲二、松居松翁」の三名であった。その活動の中心であった雑誌「精神分析」の雑誌委員は「岩倉具栄、長谷川誠也、長崎文治、大槻憲二」の四名であった。矢部は設立メンバーであったものの、幹事や編集委員といった中心的な役割からは外れている。それでは、矢部以外の設立時のメンバーはどのような人たちだったのだろうか。

少し詳しく見ていこう。

まず長谷川天渓は、先にも述べた通り、早稲田大学出身の文芸評論家で、坪内逍遥に師事した人物であった。ルイス・キャロルの『不思議の国のアリス』を「鏡世界」として日本に初めて紹介したことでも知られている。雑誌「太陽」の記者として働き、一九一〇年にイギリスに留学し、そこで精神分析と出会った。帰国後、早稲田大学の講師となり、一九一二年頃より精神分析に関する講義をおこなっていたそうである。

長田秀雄と松居松翁は劇作家である。長田は矢部の東京支部の会員でもあったが、大槻とともに初年度で名前が消えている。馬渡一得と対馬完治は、ともに医師で、矢部の東京支部の会員である。馬渡は鉄道省に勤務する産業医であった。酒井由夫も医師である。おそらく馬渡と対馬、酒井は矢部とのつながりで東京精神分析学研究所に関わった可能性が高い。

この中で特筆すべきは、岩倉具栄であろう。岩倉具栄は、明治維新で活躍した岩倉具視の曾孫にあたる人物で、岩倉具視の五十年祭の際に戯曲を書いた松居松翁の紹介で、大槻と知り合いになったという。[108] 精神分析について学ぶ中で、「精神分析学の影響を受けた作家として」キャサリン・マンスフィールド（Katherine Mansfield）を知り、その小説を翻訳して、雑誌「精神分析」に発表したこともあった。さらに、それらはまとめられ、東京精神分析学研究所出版部から出版されている。

『フロイド精神分析学全集』

東京精神分析学研究所の大きな功績のひとつは、『フロイド精神分析学全集』を出版したことである。一九二九年十二月に大槻憲二の訳による『夢の注釈』が出版された。序文では、フロイトの著作の中で質的に最も重要であると同時に、量的に最も多いもので、かつ「最も「突破し難い困難」」な箇所を多数に含むことから、それを一般の人々の前にいきなり広げることは好ましくないとして、一部をアンドレ・トリドン（André Tridon）の『夢の心理』（Dream Psychology）に置き換えたと説明されている。しかしながら、この *Dream Psychology* という著書、正式には *Dream Psychology Psychoanalysis for Beginners* と思われるこの本は、アンドレ・トリドンが書いたものではなく、イギリスの分析家デイヴィッド・エーダー（David Montague Eder）がフロイトを英訳し、アンドレ・トリドンが序文を書いたものである。元の著作は、一九二〇年にニューヨークで出版されている。さらに、『夢の注釈』の序文では、フロイトの大著を一巻におさめることができなかったので、後に補説として残りの部分が別巻に収められる予定であることも書かれている。すなわち、フロイド精神分析学全集の最初の巻となる『夢の注釈』は、フロイトの著作をかなり改変した部分的なものであった。しかし、本は売れたようで、版を重ね、第三版では大幅な改定をおこなったことが記されている。

ところで、このように東京精神分析学研究所が『夢の注釈』を出版した三年前の一九二六年には安田徳太郎が、『精神分析入門』の上巻をアルスから出版している。元の著作が出版されたのは一九一七年であるから、約十年後には日本で翻訳されたこととなる。そしてその二年後には下巻が出版された。翌年一九二九年にはロゴス書院から『芸術と精神分析』が、そして一九三〇年にはアルスから

『フロイド精神分析大系』第一巻となる『ヒステリー』が訳出されている。こちらは丸井のグループによる全集だったのではないかと思われるが、確認できる範囲ではその後十五巻まで出版されている。

この安田徳太郎は、京都の三条大橋にあった大きな足袋屋の息子で、裕福な家庭に生まれ育った。[109]治安維持法に反対し殺された山本宣治とは従兄弟であり、幼い頃から仲が良く、強い影響を受けた。安田は、京都帝国大学医学部に入学して医者となり、山本宣治が熱心におこなっていた左翼活動に医者として協力した。一九二六年、左派無産政党である労働農民党が結成され、一九二八年には日本で初めての普通選挙がおこなわれたが、安田はその選挙期間中ずっと往診カバンをさげて、労働農民党から出馬した山本宣治について歩き、その選挙活動を支えたという。そして、山本宣治は見事、当選を果たしたが、一九二九年三月五日、山本が治安維持法に反対票を投じた夜に右翼団体の活動家、黒田保久二に刺殺されている。そうした状況の中、フロイトは訳され、出版されたのであった。

また同時期の一九二八年には、啓明社からも吉岡永美によって『トーテムとタブー』が訳出された。この吉岡永美は、マルキストで福本イズムとして有名な福本和夫に名義を貸したことがあったため、この翻訳を福本和夫によるものだとする誤解があるが、これを訳したのは吉岡永美本人である。吉岡が福本に名前を貸したのは、福本和夫が出獄した後の一時期だけであった。吉岡永美は、東京帝国大学法学部の出身で、『人類結婚史』の翻訳や『蒙古および蒙古人』を執筆した人物である。この吉岡永美が訳した『トーテムとタブー』については、文学博士の松村武雄が「フロイドの快著」として、当時の朝日新聞に書評を寄せている。

大槻は、『夢の解釈』の初版が十分なものにならなかったのは「ある事情」のために急いで出版しなければならなかったからだと説明しているが、このように別の出版社から次々とフロイトの翻訳が出版されたことも関係があったのかもしれない。特に丸井のグループによる全集は、出版を急ぐ理由になったものではないかと思われる。しかしながらこの『フロイド精神分析学全集』は、全集と名がついているが、全ては訳出されなかった。「一先ず終了した」と大槻が述べているため、何らかの事情があって途中で計画が中止されたのだと思われるが、十巻で終了となった。

東京精神分析学研究所の活動

東京精神分析学研究所の会員数は五十名ほどだったところから徐々に増えていき、最盛期には百五十六人にのぼった。その中には、江戸川乱歩もいた（図13）。期間は半年ほどであったらしい。『探偵小説四十年』[110]（桃源社、一九六一）で乱歩は東京精神分析学研究所について次のように紹介している。

> 右の春陽堂の方の全集を殆ど一手に訳していた大槻憲二氏が昭和八年の初めごろ（或いはもっと早くからその母体はあったのかも知れないが、会員が充実したのはそのころからで、機関誌「精神分析」も昭和八年四月号から創刊された）精神分析研究会というものをはじめ、私も誘われてそのメンバーに加わった。
>
> 機関誌「精神分析」第一号の口絵に、会員の集まりの写真がのっている。場所は萬世橋駅前の「ア

図13　精神分析研究学会例会集合写真（雑誌「精神分析」より）
（前列右から）大槻憲二、江戸川乱歩、小山良修、長谷川誠也、武田忠哉、松居桃多郎、松居松翁、中山太郎、加藤朝鳥
（後列右から）荒川龍彦、晋後俊次、川内長太郎、時平さきを、広井重一、永田道彦、棚谷伸彦、小林五郎、長崎文治、伊藤豊夫、川又昇、長谷川浩三

メリカン・ベイカリー」で、その写真は二十人ほど集まっているが、文筆関係の人では、右に記した長谷川天渓、松居松翁、その息子さんの松居桃多郎、（この人は戦後「蟻の町」の指導者として新聞などによく書かれる松居桃楼君である）、田内長太郎（ヴァン・ダインの長序を訳した人）、長谷川浩三（元博文館社員）、中山太郎（著名の民族学者）、加藤朝鳥（明治後期の飜訳家として知らる）、など。

江戸川乱歩が紹介している集まりは、会員のための研究会である。櫻庭（二〇一二）[三]が研究会は「研究者向けの学究的な勉強会としてだけではなく、精神分析に関心を寄せた文化人のサロンとして機能していた」と述べているように、東京精神分析学研究所はそうした文化人の交流の場も生み出していた。組織としては、分析部、教育部、出版部、研究会、講習会の五部があり、のちにここに「通信分析部」も加えられた。

しかし東京精神分析学研究所の柱は何といっても機関紙「精神分析」であった（図14）。大槻が主宰した雑誌「精神分析」は一九三三（昭和八）年五月に創刊され、戦時下の雑誌統制によって一九四一（昭和十六）年四月で廃刊となった。けれども大槻は翌月から「東京精神分析学研究所報」を出し、一九五一（昭和二十六）年十二月まで続き、翌年の一九五二（昭和二十七）年一月より雑誌「精神分析」を復刊した。大槻の何としても「精神分析」を出し続けるという執念を感じるところである。そして、大槻の死によって一九七七（昭和五十二）年四月に終わりを迎えることとなった。つまりは、一九三三（昭和八）年に創始されてから、途中、さまざまな形態の変化はあるものの、大槻が亡くなるまで続いた雑誌なのである。その上、発刊のペースは早い。当初は月刊であったが、第二巻から第五巻まで隔月発行、第六巻から再び月刊となり第九巻で一旦の廃刊となる。そして、戦後に復刊してからは第二十四巻まで月刊で出し続け、第二十五巻から季刊となって第三十五巻第一号で終刊となっている。号によって、頁数に違いは

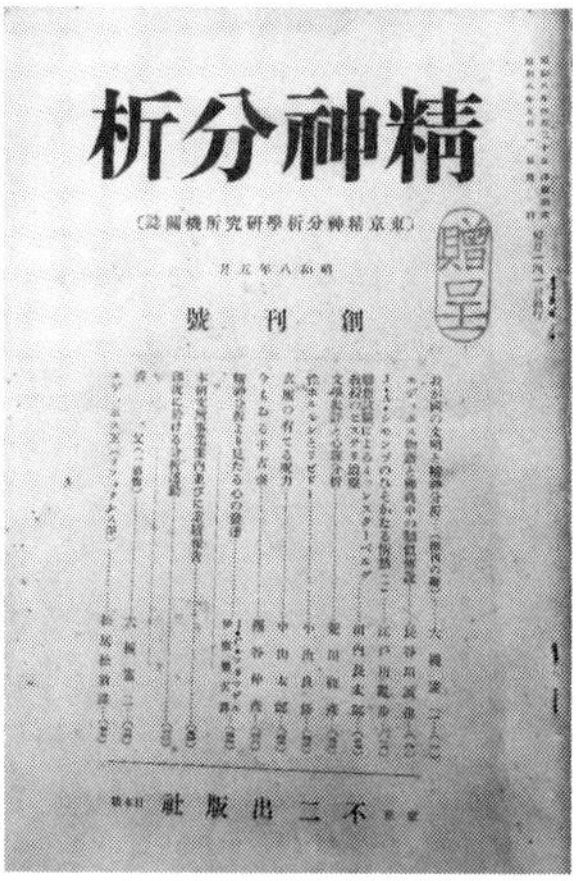

図14　雑誌「精神分析」創刊号表紙

あるものの、大槻がいかに心血を注いでこの雑誌に取り組んでいたかが分かることだろう。

雑誌の内容は、以下のように定められている。

一、関係者にはわが国における斯学の諸権威を網羅していること。
一、海外斯学界と常に通信し、提挈《ていけつ》し、またその活気ある運動の詳細なる報道に努めていること。
一、分析学、精神病学、神經学、教育学、心理学、民俗学、宗教学、犯罪学に関係する諸方の研究室、学校、診療所、病院などを探訪して、その様子を読者に紹介し双方の便を図れること。
一、時事批評に力を注ぎ、新科学の立場より常に活発に、社会諸方面の問題に示唆を与えつつあること。
一、専門家のためのみならず、一般読者のためにも『講座』と『語彙解説』と『アブフウフブ』欄とを設けていること。
一、諸種の相談に応じて懇切なる答辞を与えていること。
一、新しい科学は新しい人材に待つとの建前より、常に新人登用の用意を有すること。
一、歐州斯学界の重要なる論文は常に翻訳紹介すること。
一、斯学は東洋的科学なりとの信條に基き、わが国に独創的なる分析学の樹立に着々邁進しつつあること。

このように内容は非常に多彩なものであり、広く一般の読者を対象としたものである。その多くは文化論や翻訳で、精神分析をおこなった臨床報告は数えるほどであった。大槻によると最初は四百部であったが、後には千百部ほど刷るようになり「純粋な学術雑誌としてこれ位売れるものは滅多にない」と取次店に言われるようにまでなったという。

図15　フロイド博士喜寿祝祭劇における演劇「エディプス王」の一場面（雑誌「精神分析」より）

また、東京精神分析学研究所は、雑誌以外にも一般を対象とした文化的イベントをおこなっていた。例えば、一九三三年四月二十日、二十一日の午後六時半から十時にかけて東京朝日新聞社講堂で「フロイド博士喜寿祝祭劇」を開催している。内容は、講演と演劇であった（図15）。また、映画を精神分析的に観賞するという「名映画分析鑑賞と講演の会」も開催している。[112]

そのような甲斐あって、東京精神分析学研究所の研究会には、実にさまざまな人々が集った。前述した小説家の江戸川乱歩をはじめ、民俗学者の中山太郎、平塚らいちょう、高村光太郎などもいた。

また、優れた論文にはフロイド賞が授与された。それは、岩倉具栄よりフロイド賞金を寄贈する申し出があり作られた賞で、第四回の俳人である宮田戊子《ぼし》（本名は保）の「芭蕉の精神分析研究」に贈られたフロイド賞の記念碑は、高村光太郎の作であった。

さらに大槻は雑誌「精神分析」を利用して、積極的に海外との交流をおこなっていた。主なやり方としては、海外の論文などを翻訳し雑誌「精神分析」に掲載した後、その分析家や団体に掲載した雑誌を送付して、著者の写真と略歴の寄贈を乞うというものであった。雑誌に掲載されている連絡を取り合った海外の分析家には、フロイトを皮切りに、ジョーンズ、アイティンゴン、フランツ・アレキサンダーやヴィルヘルム・シュテーケルなど、十一名にも及んでいる。やり方はやや強引だったかもしれないが、大槻はさまざまな国の精神分析家と精力的に関わろうとしていたことがうかがえる。戦後にジェームズ・マローニー（Moloney, C. James）（一九五三）がＩＰＡの雑誌に、日本の精神分析を批判する論文を発表した際、猛然と反論したのは大槻だけであった。矢部はすでに亡くなっており、ちょうど一九五三年という丸井が死去した年であったため、丸井が反応できなかったのは当然ではあるが、古澤をはじめ、他の仙台支部の会員も誰ひとりとして声を挙げたものはいなかった。大槻には自分が日本の精神分析を牽引してきたという自負があったのだろう。この東京精神分析研究所の発展はそれを裏づけるものであった。一般社会に向けた日本の精神分析運動の大きな流れを形成したのである。

四　大槻の再評価をめぐる問題

"Ohtsuki Kenji and the Beginnings of Lay Analysis in Japan" について

ようやく本題に入ることとしよう。最初に述べた通り、香港の研究者たちは大槻を再評価する論文を発表した。彼らが書いた論文の問題点は、大きく分けて二つあるように思われる。ひとつは、論文の主題でもある日本のレイアナリストのパイオニアとして大槻を位置づけるという理解についてである。そしてもうひとつは大槻の臨床への評価である。

レイアナリストとは、非医師の分析家のことである。非医師のおこなう精神分析を認めるかどうかは、初期の精神分析において活発に議論された問題であった。フロイトは非医師の分析家を認めていたが、例えばアブラハムのように医師以外が精神分析家になることに頑なに反対した分析家もいた。よく知られているように一九二五年にセオドール・ライヒが、患者であったアメリカの医師ニュートン・マーフィに、医師ではないのに医療行為をおこなっているとして起訴されたことをきっかけにフロイトが書いたのが『素人分析の問題』[33]であった。この中で、フロイトは一定の研修を受けて分析家の資格を得ることの重要性を説き、精神分析は医学の一分野ではなく、たとえ医師であっても分析家になるための研修を受けていないのであれば、分析をおこなうことはできないと主張した。しかしながら、そのようなフロイトの考えに反して、アメリカでは非医師が精神分析をおこなうことは長い間、認められなかった。おそらく香港の研究者たちは、日本の精神分析においても同様の問題が起きていたと考えたのであろう。

論文では、丸井がつくった医師による精神分析グループと大槻・矢部のレイアナリシスグループという対比が描かれ、医師しか認めない丸井の精神分析コミュニティに対して、レイアナリストの集団である大槻のグループの存在は意義のあるものだったという主張がなされている。

まず、ここで問題になるのは、大槻と矢部を同じコミュニティとして捉えて良いかという問題である。この問題は、香港の研究者たちだけではなく、日本の研究者たちも同様の立場を取ってきた。[113] すなわち、大槻と矢部をひとつのグループと捉える立場である。まず、その点について考えていこう。

大槻と矢部の関係

この問題を考える上で重要な資料は矢部によるものである。矢部は一九三五年のＩＰＡへの報告の中で、日本の精神分析を、東京と仙台の二つではなく、三つのグループからなるものとして報告をおこなった。ひとつは矢部を会長とした東京支部であり、ふたつ目は丸井清泰を中心した仙台支部、そして三つ目は大槻憲二を中心とした「A Subsidiary Group」であった。けれども先に指摘した通りこれまでの研究においては、「矢部を含む文系・心理系の東京グループと、丸井の医学系仙台グループ」[114]といった形で、矢部と大槻はひとつのコミュニティとして語られてきた。

ここで改めて考えなければならないのは、矢部の東京支部と、大槻の東京精神分析学研究所の関係

図16　精神分析学懇話会（雑誌「精神分析」より）
（前列右から）諸岡存、丸井清泰、杉田直樹、鈴木雄平、小峰茂三郎、富田義介
（中列右から）懸田克躬、木村廉吉、小山良修、宮田斉、大槻憲二、古澤平作
（後列右から）岩倉具栄、長崎文治、北山隆、大槻岐美、速記者

である。東京精神分析学研究所は、元々は矢部と大槻と長谷川の三人で結成した精神分析研究会を元にしたものであった。一九三三年、東京精神分析学研究所は、機関雑誌「精神分析」の出版を開始するが、先述した通り、すでにその頃には矢部は主要メンバーから外れていた。雑誌「精神分析」の創刊の辞は、もちろん大槻によるものである。さらに創刊号には、巻頭のフロイトの写真に続いて、先ほど示した東京精神分析学研究所が主催する精神分析研究学会例会での集合写真（図13）が掲載されているが、そこに矢部の姿はない。東京精神分析学研究所主催の研究会の参加記録を見ても、最初のうちこそ参加しているが、次第に矢部の名前は確認できなくなっていく。

一方、矢部が設立した日本支部の最初の会員六名のうち、浅羽武一を除く五名は東京精神分析研究所のメンバーである。これをみると、確かに矢部と大槻はひとつのコミュニティを形成していたようにも考えられる。しかし、こちらも大槻憲二と長田秀雄の名前があったのは初年度の一九三一年だけであり、馬渡一得も一九三三年までである。すなわち、大槻とつながりのあるメンバーの名前は、年を追うごとに東京支部の会員名簿から見られなくなっていくのである。加えて、大槻のおこなう精神分析研究学会例会とは別に、矢部は毎週水曜日の七時からと、火曜日の七時から自ら主催する精神分析の研究会をおこなっていた。

これらの事実を考えると、矢部が報告したように、矢部と大槻のコミュニティは別だったと考えるべきではないだろうか。

北山（二〇一二）[3]は、一九三八年に東京精神分析学研究所の主催でおこなわれた精神分析学会懇話会を「仙台と東京の分裂を統合する」ものとして位置づけ、参加者が一同に介した写真（図16）を紹介しているが、仙台支部の会員と東京精神分析研究所の関わりはそれよりも前からあった。例えば一巻二号（一九三三）においては、大槻からの手紙の返信と思われるが、仙台支部会員木村による研究所の創立、機関誌の発刊についてのお祝いの言葉が掲載されている。さらに二巻一号（一九三四）には古澤の論考「精神分析治療に関する二三の自解」を確認することができる。確かに大槻と丸井が初めて会ったという点において、「統合」として位置付けることは理解可能であるが、むしろこの精神分析学会懇話会で注目すべきは、そこに映っているIPA東京支部の会員が、長崎文治ただひとりで、矢部はもちろん、矢部とつながりの深い東京支部の会員の姿は全く見られないことである。

こうしたことから、最初は一緒に活動していた矢部と大槻が、少しずつ距離を置くようになり、別々のコミュニティを形成していたと捉える方が妥当ではないかと考えられるのである。

レイアナリストの集団だったのか

次の論点に移ろう。論文では、丸井による医師グループと大槻・矢部のレイアナリストグループという対比がなされているが、この対比は成り立つものだろうか。

矢部の東京支部の会員をみると、浅羽武一、対馬完治、馬渡一得など初代会員のときからその半数は医師であった。さらに那須章彌や斎藤長利もエンジニアで、従来、指摘されているような文系、心理系のグループとして大槻と矢部のグループをまとめることにも無理があることが分かる。おそらくそのようにまとめられてきたのは、前述した東京精神分析学研究所の執筆メンバーや雑誌「精神分析」の印象によるところが大きいのだろう。

しかし、東京精神分析学研究所についても、設立メンバーの「長谷川誠也、対馬完治、長田秀雄、大槻憲二、矢部八重吉、松居松翁、馬渡一得、酒井由夫」の八名のうち、対馬、馬渡、酒井の三名は先ほど述べたように東京支部の会員でもあり、医師である。東京精神分析学研究所の会員すべてを考慮すると、さらに医師の数は増える。そしてその会員の中には、古澤をはじめとした仙台支部の医師たちも含まれてしまうのである。すなわち、矢部と大槻のグループをレイアナリストの集団としてみることは難しい。

また、丸井による仙台支部は確かに会員の全てが医師ではあったが、医師以外を排除していたというわけではなく、丸井教室の関係者だけが参加を認められていたわけであり、それ以外の医師の参加も認められていなかった。その意味でも、そういった対立構造で描くのには疑問が生じる。

レイアナリストは日本で認められていなかったのか

さて、その論文のハイライトは、精神分析学会が設立されるまで、日本の精神分析コミュニティは医師のみが対象だったが、精神分析学会によってようやく医師以外のレイアナリストに開かれるようになったという箇所であろう。それにもかかわらず、小此木啓吾が大槻の入会を反対し、大槻のグループは学会に参加できなかったと書かれている。香港の研究者たちはその小此木の大槻に対する評価に真っ向から反論する。その理由として挙げられているのは、矢部が東京支部で会員たちの訓練をおこなっていたという事実である。これは、おそらく大槻が矢部から訓練を受けたはずだという意味と思われる。

この論旨について再考してみよう。この主張にはいくつかの疑問が浮かぶ。まず、精神分析学会が設立されるまで日本の精神分析コミュニティが医師のみであったというところであるが、おそらくここで言われている精神分析コミュニティというのは、仙台支部のことかと思われる。仙台支部には実は、戦後は非医師の会員も登録されている。一九五四年に報告された仙台支部の会員名簿では、名誉会員に三名、正会員に一名、そして準会員に三名の非医師の会員がいた。正会員の名は大山順道と言う。青森に住む曹洞宗の僧侶であり、一九五〇年におこなわれた第一回国際精神分析学会日本支部学会においては、「精神分析学と仏教教理との比較研究」という大変興味深い内容の発表をおこなっている（図17）。大山は雑誌「精神分析」にも大槻の勧めで「三織と人格の三分説」を寄稿したと、古澤宛に一九五三年に便りをよこしている。が、雑誌「精神分析」には掲載が見当たらず、どのような事情だったのかはわからないが、日本精神分析学会の機関紙である「精神分析研究」にその論文は掲載されていたことが確認できる。[115][116] また、大山が発表をおこなった第一回国際精神分析学会日本支部学会においては、東北大学教育心理学教授正木《まさき》正《まさし》が「教育と精神分析学」という講演をおこなっている。

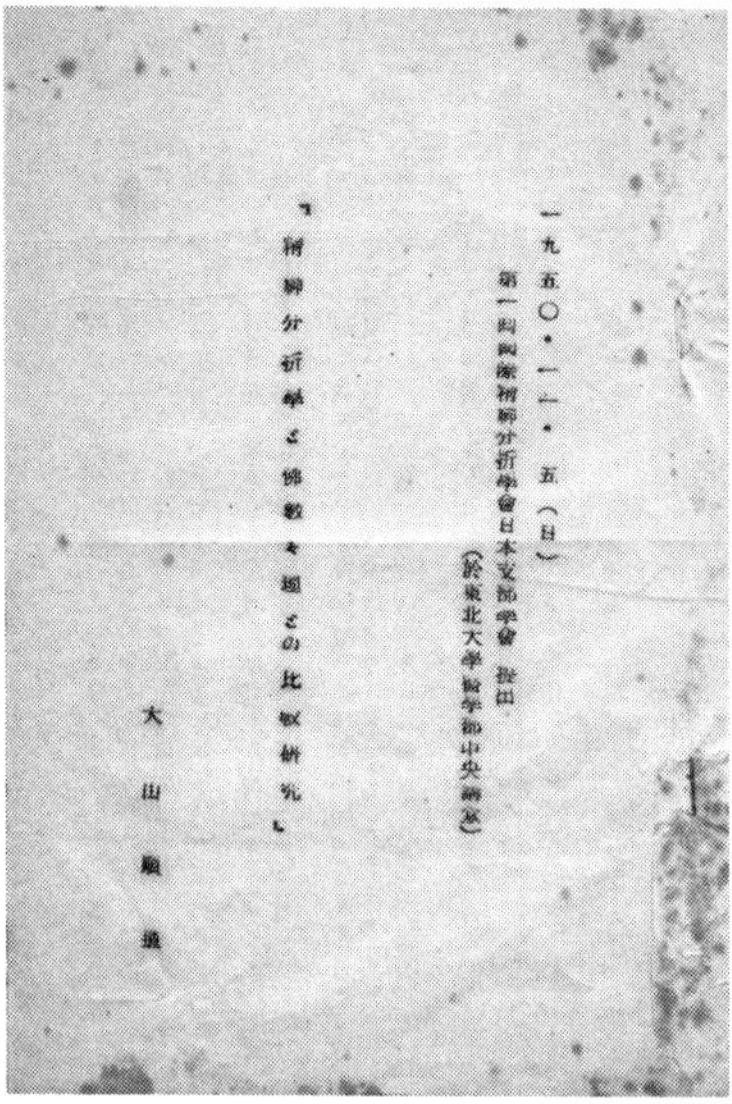
一九五〇・一一・五（日）
第一回國際精神分析學會日本支部學會 提出
（於東北大學醫學部中央講堂）
『精神分析學と佛教々理との比較研究』
大山順道

図17　第一回国際精神分析学会日本支部学会における大山順道の発表資料

加えて、いつからかは不明であるが、一九五一年までには弘前において、弘前大学医学部精神科教室員や小中学校教員からなる精神分析学的教育研究会を丸井がおこなっていた。そのように、精神分析学会が設立される一九五五年まで日本の精神分析コミュニティ、特に丸井を中心とした仙台支部のコミュニティが医師にしか開かれていなかったという事実は全くないのである。

さらにその論文でほのめかされている大槻の訓練分析を矢部がおこなったことについては、確かに矢部は日本支部の会員の訓練をおこなっていたが、そこに大槻が含まれていたかは不明である。なぜなら、大槻は最初から正会員であり、他の会員のように、訓練中であることを示す準会員という記載が認められないためである。加えて大槻が自身の訓練分析について綴ったものは見つからない。大槻はこれだけの論考を書いているのである。自伝もある。もし仮に訓練分析を受けていたら、大槻はその体験について間違いなく書いたのではないだろうか。さらに大槻の名前があったのは初年度のみで、その後、会員名簿から名前は消えている。

そして、先に述べたように、大槻の精神分析実践はさまざまな問題を抱えるものである。香港の研究者らは、先述した「患者と読者とが否応なしに私を治療家に仕立て上げてしまった」という緒言で始まる著書『私は精神分析で救われた　大槻憲二先生治療業績記録』を大槻の臨床に対する評価を裏付けるものとして捉えているが、残念ながらそのように考えることは難しいであろう。

けれども研究者たちが大槻を日本におけるレイアナリストとして再評価しようとするのは、大槻自身が〝医師たちが文科系の人々を締め出そうとしている〟と繰り返し訴えているからでもある。それらを読んで、医師しか認めようとしない日本の精神分析界の圧力の中で大槻が奮闘していたと理解してもおかしくない。研究者たちは、そこにレイアナリストのパイオニアとしての大槻を見出し、再評価を試みているのである。確かに雑誌「精神分析」のインタビュー記事で、古澤がレイアナリストによる精神分析が危険だという発言をしていることを確認することができる。[117] 矢部も国際精神分析学会の看板を出すことには軋轢が生じると述べているので、大槻の訴えが全く一方的なものだったとは思わない。おそらく当時、確かに非医師の分析家を不安視する見方は日本にあったのだろう。ただそうは言っても、前述したように、レイアナリストに精神分析の道が全く閉ざされていたわけではなかった。また、文章化されたものを見る限りにおいては、大槻の医師批判、医学批判の強烈さの方がよほど目立つもので、むしろ積極的に攻撃をしかけているようにすらみえる。特にそうした攻撃が過熱していくのは、古澤による日本精神分析学会が創立してからのことである。大槻は、この日本の精神分析の新しいコミュニティに招待されることはなかった。この事実が、彼の自己愛を相当に傷つけたのは間違いあるまい。

大槻の医師批判

精神分析学会が創設された二年後の一九五七年、大槻は丸井清泰についての論文「精神分析学会に神話は無用――故丸井清泰教授の実体」[77]を書いた。大槻は丸井について「「官学派の父」ではあったかもしれぬが、「日本分析学の父」と過賞するのは、科学的に妥当な記述ではない」と批判し、その人柄については「信念も浅く、勇気にも乏しいのに、精神分析学を我物顔に壟断しようとするナルチス的、排他的態度」「目前の小利小得のために将来の大損を予見出来ない浅墓な人」「軽卒妄動癖」と散々に評している。そして、仙台支部を作ったことに対しては、矢部の日本支部設立に対抗して丸井が設立したものと考えていたようで「矢部氏のような高の知れた人の蠢動に一々神経を尖らせなくてもよさそうなものなのに如何にも人物の規模が小さい」と述べている。大槻は、丸井のことも、矢部のことも、馬鹿にしている。大槻は自分こそが日本精神分析学の父であると思っていたのであろう。大槻の怒りはおさまらなかった。

そこからしばらくして再び大槻は「派閥は何故に神話を必要とするか[118]」という論考を発表している。これは、K博士、すなわち古澤を罵倒する内容である。こちらは英文でも発表しており、日本のみならず、海外にも知らしめたいという大槻の強い憤りを感じる。「ハッタリ屋」「筆に上すさえ穢らわしい」と散々な言いようで、古澤が精神分析を生長の家に売り渡したと訴えている。これはおそらく日本教文社から『フロイト選集』を出したことを指していると思われる。このようにさまざまな些細なエピソードを元に古澤を侮辱する内容であるが、そこに古澤が義眼であることや農民出身であることまでもが「精神分析」されているのには閉口せざるをえない。また、さまざまなエピソードが並ぶ中で、終戦後すぐの頃に東大の精神科を出た若いW氏が大槻に講師を依頼しようと提案したところ、先輩メンバーであったK氏やI氏が反対して「大槻氏を招くなら我等は脱退すると叫んだので、W氏はやむなく断念したと本人から聞いた」というエピソードからは、その時期からすでに大槻が一部の医師たちからは嫌われていたことがうかがえる。このK氏とI氏とは、おそらく東京で古澤を中心とした精神分析研究会の主要メンバーであった懸田と井村だったのではないかと推測される。論考にはわざわざ「日本精神分析学会の一員に加えてもらおうなどという愚劣な料簡などは毛頭ないことを、念のため、特に明かに断っておく」と書かれ、最後は次のように結ばれる。

しかしながら、三十年の歴史と伝統と業績とを有し、数百名の会員を国の内外に擁する我等の一団を無視して、いかにして「日本精神分析学会」の名称は合理的でありえるのか。一部をもって全体に代えることは無意識の象徴世界ではしばしば行われることだが、現実の意識世界では許されぬ。さればこそ、無意識の排他願望によって成立したこの会は、現実の意識的抗議に会して、我等の過去の業績を渋々ながら、その機関紙上に掲げ始めた。無視するなら徹底的に無視せよ。無視できなくなったのなら、出来ないことを出来ると妄想した自分等の愚かなコムプレクスを自己分析せよ。そしてまた承認するならば、まず世人を欺くその僭越なる名称の変更から始めよ。どっちつかずは学者の恥辱である。矛盾を矛盾と気付かぬのは、丸井教授以来の伝統か。[118]

これらを読んで大槻の「日本精神分析学会の一員に加えてもらおうなどという愚劣な料簡などは毛頭ない」という発言をその言葉通りに受け取る人はまずいないことだろう。大槻は「日本精神分析学会の一員に加えてもらおう」と思っていたのである。そして無視されたことは耐え難いことだったのである。このような必死の訴えにもかかわらず、大槻が日本精神分析学会に加えられることはなかった。無視されたままとなった。

やがてその怒りの矛先は、東北大学で開かれた日本精神神経学会で「精神分析学を無視しては今後の精神科治療は不可能である」と精神分析に共感を示した東京大学教授内村祐之にも向けられ始める。

雑誌「精神分析」上で、二度にわたって名指しで批判されている。内容は、内村にとっては言いがかりとしか思えないような、幼い頃に脳手術を受けて失敗したある患者の例や、小児麻痺についての大槻の見解や提案であったりする。当然のことながら、これに対する内村の反応はなかった。それに対しても大槻は、「もし正直に応答するとすれば、ただ平謝りにあやまらねばならぬであろうし、そんな民主的な態度は官学の奥堂に鎮座する権力者の面目にかけて出来るわけのものでないことは明らかである。だからただ沈黙戦術をとるであろうことは始めから分かっていた」としつつ、大槻の進言は精神医学界全体のものであり、全国の患者のためのものなので、応答できないことは「教授の無知と無責任」だと責める論考をさらに掲載したのである。もちろんこれにも応答はなかったことだろう。

こうした一連の大槻の主張に、日本でレイアナリストを認めさせようと奮闘した姿を見いだすよりは、マルクス批判をおこない、方々に喧嘩を売って散々に叩かれていたことを思い出す方が容易い。丸井や古澤、そして小此木といった精神科医たちも彼の精神分析の論考を読んでいたことだろう。彼らがマルクス主義の文学者たちと異なっていたのは、大槻を相手にしなかったことであった。

そしてさらに、そうした誹謗は、身近な人たちへも向けられた。雑誌「精神分析」にも度々登場し、大槻の元で長年にわたって精神分析を学んでいた高橋鉄は、晩年に大槻と決別している。「狂った大槻憲二氏へ」と題された「公開状」[119]（一九四八）には、大槻への辛辣な批判が述べられている。発端は、ある会報上で、大槻が高橋の中傷を掲載したことによる。それは高橋にとっては原因不明の「衝突事件」であり、その時は沈黙を守ったものの、再び高橋を中傷するような「抜き打ちのご発表」があり、腹に据えかねたようである。高橋は、自身が発行する雑誌に反論を掲載している。

私はたとえ一時にせよ師事してきた貴下に、忍耐の憤りを尽したはずです。ハッキリ言えば、貴下の病的性格から同学者の大半は貴下を棄てました。ご覧なさい。霜田・岩倉・倉橋・北垣・宮田戊子・中山太郎・延島・棚谷等々の諸氏……最後まで貴下についていたのは私一人だった事は、常時貴下夫妻にも明言したとおりです。前記N氏は「貴君はよくあんな吉野上野のような奴についている」と私を憐れみました。S博士は「大槻などは貴君が分析してやるべき精神異常者だ」と断言しました。（中略）貴下は、私の依頼した原稿に「憚りながら大槻精神分析学ほど深刻偉大なものは世界中にない」と書いて来て問題を起こした（昭和二十二年三月）又「フロイド以上の学説を樹立しました」と私に報告された（同三月二十日附書信）

この頃からの貴下の精神は正に異常です。貴下が最も頼るO君K君E君等が挙って私に告げるごとく「被害妄想」患者です。また某要衝〔商業・交通・軍事などの点で重要な場所。おそらく軍事の要所ではないかと思われる〕にあるP氏から日本全体の民間教育の顧問を頼まれたと放言し、「自分が許さねば出版させぬと私を威嚇したりしましたね。――これ以上は申しません。

RS博士・RK博士・HK博士等が診断され、また中村古峡氏が断定された如く、「貴下自身が正直なる自己分析を行われて（中略）適当なる治療を施されるよう切に勧告します。

引用はもうこれぐらいにしておこう。こうして愛弟子は去っていった。大槻は同時代に活躍した分析家の中では最も長命で、一九七七年に八十六歳でその生涯を閉じた。東京精神分析学研究所も雑誌「精神分析」も大槻の死によってお仕舞いとなった。

文学者としての大槻憲二

これまで述べてきたように、大槻を精神分析家として再評価する動きには慎重でありたいと考えている。大槻は自分のことを「分析医」と呼んだが、これまでの研究において大槻は、精神分析学者や心理学者などと、さまざまに呼ばれてきた。しかし、大槻の精神分析における活動で評価されるべきは、文学者としての大槻の活動だったのではないだろうか。

精神分析の登場によって、文学が大きな影響を受けたことはよく知られている。日本の文学においても、精神分析の登場は避けられない事件であった。精神分析への注目は臨床分野よりもずっと早い時期から始まる。精神分析の考えを取り入れた新しい文学が次々に生まれ、なかでもベストセラーになったのが、厨川白村の「苦悶の象徴」であった。そして、佐藤春夫の精神分析を応用した長編小説『更科記』のように、精神分析小説も登場した。このように作品や作家の隠された動機を探るものとして、あるいは新たな文体の発見のために、実に多くの作家や批評家が精神分析理論に注目し、評論を発表した。大槻憲二もそのひとりであった。精神分析理論を用いての批評を多数発表しており、小説も執筆している。精神分析においては、文学や芸術批評に精神分析を応用する方法はいつの時代も尊重されてきた。大槻の恩師である長谷川誠也や、対馬完治も同様である。そうした文芸評論家としての大槻の仕事については、まだきちんとした評価がおこなわれていないのではないだろうか。

大槻は神戸中学校を卒業後、東京美術学校へ入学するために上京し、白馬会原町洋画研究所に入り、田中恭吉《きょうきち》と出会った。友情を育み、共に回覧雑誌を作成したり、一時期は同居もしている。しかし、一緒に住み始めた直後に、田中恭吉は吐血し、その二年後には二十三歳という若さで亡くなった。その二年の間に田中恭吉は萩原朔太郎から、かの有名な詩集『月に吠える』の装丁と装画を依頼され、完成を見ることなく、生涯をとじたのである。大槻の業績の中には、この田中恭吉との日々を綴った小伝がある。[120] 曾根（二〇〇八）[99] は、田中恭吉作品集におさめられたこの小伝が、大槻の全著作を通じて内容的に最もすぐれたものの一つだと述べている。そこには、去勢を張るかのように並べられる難解な言葉や、相手を見下す高慢な態度はみられない。ただ淡々と友人の思い出を振り返る静かな文章は、心に響くものである。こうした仕事を含めた文学者としての大槻の仕事の再考がなされることを、今後期待したいと思う。

第四章　日本の精神分析外縁——中村古峡

一　中村古峡について

時代は少し遡る。今から述べるのは、日本の精神分析の導入期の周辺、もしくは背景となる部分である。矢部や丸井、大槻らが活躍した昭和初期ではなく、それより少し前の大正期に、日本では精神分析が盛り上がりを見せたことがあった。矢部や丸井が突如として現れたわけではない。それよりも前に、日本で精神分析が一般大衆にも広く知られるようになっていく時代があった。明治時代から少しずつ素地は作られ、それは花開いた。そうした積み重ねの上に日本人の精神分析家第一号が誕生したのである。前史ともいうべきそれらの時代を日本の精神分析史から外すわけにはいかないだろう。

その時代における精神分析運動を象徴する人物といえば、やはり中村古峡《こきょう》（一八八一—一九五二）（図18）ではないだろうか。古峡は小説家から催眠療法をおこなう精神療法家になり、精神分析を広め、やがて森田療法をおこなう精神科医となった。その転身ぶりもこの時代における精神分析の有り様をよく表していると思える。古峡の半生を辿りながら、導入期の日本の精神分析について示していくこととしよう。

小説家中村古峡――『殻』の発表まで

中村古峡については、曾根による一連の優れた研究がある[121-124]。それらは古峡の師であった夏目漱石との書簡を含めた文学史としての研究である。本論では、それらを参考に精神分析との関連に焦点を当てて、その半生を追ってみることにしたい。

古峡は、本名を中村蓊《しげる》と言う。一八八一（明治十四）年二月二十日、奈良県に生まれた。家は庄屋や戸長をつとめた相当な財産のある旧家であったらしい。父親は生駒神社の神官から村長になり、県議会議員になった人物だが、政治活動で散財し、古峡が十五歳の時に一家をあげて京都に転居した。古峡は医学校に入学していたが、その途中で父親が病死し、家族を支えるために中退して、知人であった杉村楚人冠《そじんかん》を頼って上京する。お世話になった楚人冠は、ちょうどその頃、仏教近代化運動に熱心であった。古峡は創刊された「新仏教」の編集や同志会の雑務を手伝い、大きな影響を受けたようである。新仏教は「一切迷信と妄想の打破」をスローガンとする運動であった。のちに古峡が展開する大本教への批判はここに由来するものであろう。

一九〇〇（明治三十三）年に第一高等学校に入学するが、上京してから古峡は文学に目覚めた。楚人冠周辺の環境に感化されたのかもしれない。古峡は文学作品を発表し始め、一九〇三（明治三十六）

年には東京帝国大学文科大学文学科に入学する。そこでちょうどイギリスから帰国し、東京帝国大学文科大学の講師となった夏目漱石と出会うこととなった。楚人冠につづき、漱石もまた、困窮していた古峡を支援したひとりであった。その一方で、東京帝国大学に入学する前年、古峡が一高の三年の秋に、弟が古峡を頼って上京し、働き始めたものの、しばらくして早発性痴呆［現在の統合失調症］を発症した。弟は実家に帰り、京都の船橋精神病院に入院する。弟の入院費用を稼ぐために古峡の大学生活は、随分と苦労を強いられることとなった。大学卒業後、古峡は楚人冠の勤務する東京朝日新聞社に就職したが、一九〇八（明治四十一）年七月に入院先の病院で弟は亡くなった。古峡は大学時代に、呉秀三の精神病学教室に通ったり、福来友吉《ふくらいともきち》の催眠心理学の講義を聴講した可能性があるという。弟の精神病を間近で見聞きする中で、同じ学内でおこなわれていたそれらの研究に関心を向けたということは大いに考えられることだろう。特に福来については、後述するように、日本精神医学会設立時には協力を仰いでおり、大学時代からの関わりがあったのではないかと考えられる。この弟の精神病の発症とその死という不幸な出来事については、奇妙な話がある。曾根[122]によると、古峡は弟が上京した直後に、兄が自分を毒殺しようとしていると訴える狂人の弟を描いた小説『夢うつつ』を発表したことがあった。それは現実になった。その四年後に弟は発症したのである。

図18　中村古峡

古峡は弟の言動に何かを感じ取っていたのだろうか。

やがて古峡はこの弟との体験を小説にしようと考えた。そして、漱石の推薦で一九一二年から東京朝日新聞紙上において、弟の精神病をテーマとした自伝小説『殻』の連載を開始するのである。

二　日本精神医学会の設立とその背景

当時の精神医学について

『殻』で古峡が描いたように、当時の日本の精神医学はまだ模索の時期であった。明治政府がおこなった数々の改革は、日本の医学のあり方をも大きく変えることになった。一八七四年に医師の免許制が始まるが、その試験の内容は西洋医学であった。つまり漢方医には免許が与えられなかったのである。それまでの医学に代わって、新たな知識や治療方法が次々と輸入され、手探りの中で試みられていった。

よく知られているように、一八七九（明治十二）年に東京大学医学部でベルツが内科講義の中で精神疾患について講義をおこなったのが、日本の精神医学の始まりだと言われている。さらにドイツに留学していた榊《さかき》俶《はじめ》が帰国し、日本人として初めて東京大学で精神病学の講義をおこなった。一八八六（明治十九）年のことである。そして、日本の精神医学に多大な貢献をおこなうこととなる呉秀三が登場する。呉は、一九〇一（明治三十四）年から一九二五（大正十四）年まで東京帝国大学教授をつとめ、多くの精神科医や学者を育てた。

秋元（一九六六）[125]は、日本の精神医学は、それ以前から存在した民間の精神病者の施設から発展せず、それとは無関係に政府が導入した西欧流の医学教育の一分科として成立したところにその特徴があるとみている。それは突如として、外から侵入してきた異質なものでもあった。そうした西欧の精神医学は、医師の免許制と大学教育の広がりの中で、急速に日本に広がっていく。一九〇六年には、官公立医学校に精神病科を設置すること、また同じ年の日本神経学会の総会で医専に精神病学講座を、医大に病室を設置する要望が決議され、一九〇七年に千葉、愛知、長崎の大学に精神医学教室が設置された。さらに一九一〇年には、九州大学、一九一三年に京都大学、一九一四年に新潟、一九一六年に東京大学、東北大学、日本医大に、と続々と設置され、精神医学の教育と研究がおこなわれるようになる。そうして西洋から導入された新しい治療法は、主として大学の精神科で試みられることになった[126]。精神分析もそのひとつである。東北大学における一連の精神分析の研究もまた、こうした背景のもとにおこなわれたものであった。

小俣（二〇〇〇）[127]によると、日本の大学の精神医学講座はまず東京大学から始まったため、榊の門下生が日本各地の帝国大学や医学校で精神病学の講座を開設して、初代教授になっていくという構造があった。それゆえに明治期に起源をもつ大学病院精神科の初代教授はすべて東大出身者であり、その後の教授も東大出身の人物でかためられてゆく、という歴史が日本の大学精神科における特殊な「学閥」の形成過程の根底にある歴史的事情だと説明している。これもまた、精神分析に無関係の話ではない。丸井清泰もそのひとりであった。彼も東京帝国大学の出身であり、新たに開設された東北大学精神医学教室の教授を命じられ、赴任したのであった。

こうして日本の精神医学が形作られていくなかで、一九一八年、日本の精神医学史において極めて重要な論文が発表される。呉秀三、樫田五郎による「精神病者私宅監置ノ状況及ビ其統計的観察」[128]である。はじめこの論文は、「東京医学会雑誌」第三十二巻（一九一八）の各号に分割掲載されていたが、同じ年に内務省より『精神病者私宅監置ノ実況』というタイトルで出版されている。内容は、一九一〇年から一九一六年にかけて精神病学教室の助手、副手十二人に全国各地の私宅監置・民間療法などの実況を調査させ、その結果をまとめたものである。調査地域は、東京府とその周辺を中心とする一府十四県であった。「我が邦《くに》十何万の精神病者は実に此病を受けたるの不幸の外に、此邦に生れたるの不幸を重ぬるものと云うべし」というかの有名な呉秀三の言葉はこの論文の中にある。すなわちこれは、当時の日本の精神病患者の実態を調査したものである。そこでは、日本の精神病の治療の現状について三つの形態があると述べられている。一番目は私宅か病院で治療を受けるもの、二番目は私宅監置か、監置はされなくても私宅で医療も受けずに放置されているもの、三番目は神社仏閣での祈禱、禁厭、水治療などの民間療法を受けるものである。ただ、この調査の対象者は主に精神病患者で、調査によると、精神病の種別としては、早発性痴呆が五六・七%と最も多く、麻痺性痴呆が一三・三%、躁うつ病が一〇・〇%、さらに痴愚が六・七%という結果であった。それ以外としては、中酒性精神病、てんかん性精神病、白痴、変質性精神病がそれぞれ六・七%であった。これは、富山県のみの調査結果になるが、おそらく他の県でも同様の状況であったと思われる。

精神病院をはじめとする精神病者のための医療施設は明治初期から始まり、一九一九（大正八）年の精神病院公布後、大正の末期から昭和初期にかけて多くの精神病院が開設された。そのとき、江戸時代に民間療法がおこなわれていた寺院や神社が精神病院へと移行したところは少なくなかったと言われている。

さらに一八七二（明治五）年から一九一九（大正八）年までに全国で二十の精神病者保養所が設立され、一九三五（昭和十）年には四十五施設に増えている。これらはいずれも水浴、灌滝《かんりゅう》、祈禱など旧来の民間療法がおこなわれていた施設であった。すなわち、先に述べた通り、精神医学自体は政府の意向によって導入されたもので、民間施設からの発展ではなく、むしろそれまでの精神治療を断ち切るものであった。しかし、医療施設としては元の民間療法の施設からの移行が多く見られたのである。ここにも日本の精神医療の特徴がみられる。すなわち、政府の主導する西洋式の知識や学問としての精神医学と実際の臨床現場との解離、そして混在である。

この特徴は、後述で紹介する古峡の事例にも色濃くみられるものである。

精神医学会の設立

古峡の連載、『殻』は好評を博し、二十編近い批評や書評が新聞や雑誌に発表された。しかし残念なことにその後が続かなかった。古峡は新たな小説を書いては漱石に送り、作品掲載を依頼するも断られ続けた。古峡が催眠に夢中になり始めたのは、この頃のことであった。大正時代には、催眠術の一大ブームが起きていたのである。そうした中、漱石が亡くなる。一九一六（大正五）年十二月九日のことであった。その時、古峡が何を思ったのかは分からない。古峡の日記に漱石が登場するのは年が開けた一月一日のことである。

一月一日、晴、暖／大正五年度はことごとく失敗に終りたり。母の病気、弟の移転、出産、台湾母ノ上京、（中略）夏目氏との喧嘩、台湾母の帰台及再上京、高輪中学の辞職、雑誌中央公論及び文芸雑誌の原稿失敗（中略）されど大正五年は余に取りては記念すべき年なり、何となれば之れ接神術完成の年なればなり[122]

「夏目氏との喧嘩」とだけ綴られている。注目すべきは、その後の「接神術完成」であろう。うまくいかないことばかりの中で唯一古峡が希望を感じたのは、「接神術」すなわち催眠術であった。古峡の「接神術治療日誌第一巻　自大正四年／至大正六年」という残された日記によると、冒頭に次のように書かれている。[129]

大正四年十月十日文学士村上辰午郎氏の門に入り、一週間にていわゆる村上式注意術の教諭を受く。

古峡はこれをきっかけにさまざまな催眠の本を読み漁り、周囲に催眠をかけ、手応えを感じるようになっていく。日本の催眠の歴史については、安斎ら（二〇〇九）[130]や一柳（一九九七）[131]による詳しい研究がある。古峡（一九三六）[132]によると、日本で「催眠術」という言葉が使われ始めたのは、一八八七年前後のことであり、「メスメリズム」などの用語は、もっと早い一八七一年頃に用いられていた。また安斎らの研究によると、催眠は、明治期に二度のブームがあり、第一次催眠ブームが明治二十年代、第二次催眠ブームが明治三十六年頃に生じるものという。当時、催眠は治療としても用いられる一方で、魔術や幻術としてももてはやされ、手品師の興行の演目でもあった。一方、アカデミズムでも注目され、心理学者、医学者による研究もおこなわれた。解離や多重人格が注目され、催眠を用いた実験がおこなわれた。明治中期には、シャルコーの「火曜講義」が東京医事新誌に長期連載され、その後、出版されている。

こうした中、催眠の通信教授などで高額な受講料を得たり、不適切な治療によって不当な利益を得たりする団体も生まれ、ついに一九〇八（明治四十一）年には、「みだりに催眠術を施したる者」への罰則が科せられることとなった。催眠を取り締まる法律が制定されたのである。これは催眠がいかに社会現象になっていたかの証でもあるだろう。

古峡は漱石の死後も新聞社に小説を持ち込んでいたが、うまくはいかなかった。そのことも催眠への没頭に拍車をかけたにちがいない。ついに古峡は小説家として筆を折る決心をする。代わりに古峡が取り組んだのは、催眠心理学や変態心理学のための組織作り、すなわち日本精神医学会の設立であった。その設立趣意書が書かれた一九一七（大正六）年の五月という時期は、精神療法の歴史にとって注目すべき事態がふたつ起きている。ひとつは日本精神医学会の設立と同時に古峡が自宅に診療部を置き、患者の治療を開始したことである。この時点ではまだ古峡は医師ではなく、暗示療法を中心とした精神療法をおこなう臨床家であった。すなわちこれは臨床家としての開業であった。この時代、精神療法として、催眠を用いた暗示療法や説得療法がおこなわれていた。説得療法は、今日では聞きなれない言葉であるが、丸井（一九三六）[1]の解説によると、医師が患者の理性に訴えて患者の考え方を変えさせ、病症または症状を取り除こうとする治療法である。つまりは、患者に説明をし、納得してもらう治療法であった。丸井は、この説得療法を用いる場合には患者との間の転移を知っておく必要があると述べ、もし説得療法で治療効果が得られたとしても、それは医者の人格的影響や暗示的影響が治療的に働いたものだと考えている。

　そして、もうひとつは、五月にたまたま自宅に家政婦としてやってきた女性、「坂《ばん》まさ子」に催眠術をおこなったところ、二重人格の兆候が現れたので、催眠実験のモデルにしたことである。それは自ら創刊した「変態心理」において十五回にわたって連載され、のちにまとめられ本として出版された。[133]治療経過の中では久保良英に依頼して知能検査（田中ビネー式）も実施されている。この本は大いに流行った。各地で講演会も開かれ、「坂まさ子」も同行し、聴衆の前で催眠の実演をおこなったといわれている。まるでシャルコーの臨床講義を彷彿とさせる場面であろう。一九三〇年には、皇族講演会で秩父宮殿下の前でも講演をおこなったというところからは、いかに当時、この著作が世間の注目を浴びたかがうかがえる。

そして、一九一七（大正六）年五月十八日、古峡は日本精神医学会設立趣意書を発表した。そこでは、精神と身体は密接な関係があるというのに、今日の医学は物質文明の弊害を受けて精神と肉体を切り離し、生理的療法のみの研究につとめて精神的療法の必要を忘れていることを古峡は説いている。すなわち、ここで古峡が名付けた精神医学とは、今日の意味ではなく、「身体」や「肉体」、「物質」と対比するものとしての「精神」医学という意味であった。そして、精神病で亡くなった弟について語り、設立を宣言するのである。

……ところがちょうど私が大学を卒業しようとする前の年に、私の一人の弟が、またふとしたことから精神病に罹りまして、それがため私は再び精神上にも物質上にも云うに云われぬ大打撃を受くることになりました。この間の消息は、かつて東京朝日新聞の紙上で「殻」という小説に綴って、その一端を世に発表したことがありますから、ここにくわしくは述べませんが、私の一家、特に私と私の老母とは、この弟の病を養うためにほとんど肉を削ぎ骨を削るような苦しい思いを経験致しました。けれどもその後その弟は、約二年ほど病院生活を送りまして、主治医の方でも無論今日の医学における最善の療法を施してくれましたが、病勢はだんだん募るばかりで、ついにその病院で悲惨な最期を遂げることになりました。私はここにおいて、益々今日の物質医学だけでは、人間の疾病、特に精神的疾患を治癒するに不完全であることを深く悟りまして、おこがましい話かは知れませんが、ここに精神医学という一科を建設して見たいという決心を起しました。爾来数年、私は専ら心を精神病学並びに催眠心理学の学理的実際的両方面の研究に潜め、更に東西先哲の遺篇に精神療法の跡を繹《たず》ね、これを自分にも行い、他人にも施して見た結果、幸に私の健康は再び旧に復し、また少なからず世人の難症も救うことができました。さらに私はこれらの成績によって、今後この精神医学が、単に所謂精神的疾患の治療に裨益《ひえき》あるのみならず、また一般医学の各分科に対しても、その基礎学とならねばならぬことを固く信ずるに至りました。ここで私は斯学の健全なる発達を図るために、日本精神医学会なる一学会を組織いたし、まずその事業の手始めとして、今年十月から「変態心理」という月刊雑誌を発刊することに致しました。けれども私はまだ一介の寒書生に過ぎませんから、この度普く諸賢の御賛同を得て、その庇護によって次第にその事業の歩を進めて行きたいと考えております。ねがわくば私の微意のある所を諒とせられ、偏に御援助あらんことを希望致します。

大正六年五月十八日

文学士　中村蓊

続いて趣意書には、十名の評議員と三十二名の賛助員の名が五十音順に掲げられている。評議員は、飯島農夫、生田長江、上野陽一、葛西又次郎、栗田淳一、黒沢良臣、斎藤茂吉、菅原教造、寺田精一、森田正馬の十名である。賛助員には、井上円了や石川貞吉、幸田露伴、福来友吉や吉野作造の名が見られるが、興味深いのは、そのほとんどが大学関係者で特に東京帝国大学の文科、法科、医科の教授、助教授たちが揃って名を連ねていることである。その一方で、日蓮宗大学長の風間随学や天台宗大学長の末廣照啓《しょうけい》、真宗大谷大学長の南条文雄、宗教大学長の望月信亨《しんこう》などといった仏教系の大学長の名も目立つ。入会案内においても、「特に教育家、宗教家、法曹家、医師、文学者、家庭父兄諸君の入会を歓迎致します」とあり、宗教家も対象としていたことが分かる。

古峡の日記を調査した曾根によると、一九一七（大正六）年の五月から六月にかけての日記には、日本精神医学会設立のための各界名士との交渉と資金調達の経過が詳しく記されているそうである。その中で古峡が評議員ないしは賛助員として、まず第一に交渉したのは福来友吉であった[124]。

千里眼事件

この時代の心理学や催眠のことを考える上で、福来友吉による千里眼事件は外すことのできない出来事である。福来は、東京帝国大学の元良《もとら》勇次郎《ゆうじろう》の指導を受けた心理学者で、催眠の研究をおこなっていた人物であった。福来は、催眠術の心理学研究によって学位を得て、一九〇八年には東京帝国大学の助教授に就任している。先述したように、当時、催眠術は大いに流行っていた。しかし、催眠への熱狂とともに、疑惑の目も高まっていた。そうして、千里眼事件は起きた。千里眼事件は、映画化されて話題となった鈴木光司のホラー小説『リング』[134]のモデルとなったため、知っている人も多いことだろう。千里眼事件はよく福来友吉が念写実験に失敗して大学の退職に追い込まれたものとして理解されていることがあるが、事態はもう少し複雑である。簡単に概略を述べることとしよう。

福来は催眠術の研究に打ち込む中で、御船《みふね》千鶴子というひとりの若い女性を紹介される。彼女は、透視によって病気を治すという「千里眼」による民間療法をおこなっていた人で、その能力の高さが噂となり、御船千鶴子の知人から福来に話が持ちかけられたのであった。しかし、福来が御船千鶴子の千里眼について実験をおこなう前に、すでに京都帝国大学の精神病学教室主任の今村新吉が実験を進めていた。福来の方が後からそこに加わったのである。世間での催眠への注目の高さから、福来と今村がおこなう実験には大勢の新聞記者たちが押しかけた。福来は、実験の結果を一九一〇年に東京帝国大学で開かれた心理学会第九十一回例会で発表している。一方、今村は大阪朝日新聞の第一面で「透視について」と題する連載紀行文を十九日間にわたっておこなっている。そうした動きは、アカデミズムも、また世間一般をも巻き込んでいった。

そして一九一〇年九月、東京帝国大学の文科、医科、理科の学者十九名の立会いの元、御船千鶴子の透視の公開実験がおこなわれた。当時の新聞記事をみると、そこには呉秀三や三宅秀もいたことが確認できる。福来の指導教官である元良勇次郎も参加予定であったが、都合があり欠席している。この御船千鶴子の透視実験が世間を騒がせたことで、世には「千里眼」を名乗る人が次々に現れた。千里眼事件の中心人物となる長尾郁子もそのひとりであった。長尾郁子は、御船千鶴子の透視実験を知って自分でもおこなってみたところ、苦もなくできてしまい、やがてその名は福来の耳に入ることとなった。福来が特に長尾郁子に注目したのは、向き合って透視ができるという能力だった。御船千鶴子は集中するために背を向けて透視をおこなっていたので、そこに懐疑の目が向けられていたのである。東京帝国大学の福来と京都帝国大学の今村は、長尾郁子の透視実験をおこない、それはさらなる話題となって、新聞各紙を賑わせた。そこで新たに参戦したのは、京都帝国大学文科教授の松本亦太郎と、東京帝国大学元総長で物理学会の重鎮であった山川健次郎であった。松本は東京帝国大学の元良勇次郎に指導を受けており、福来の先輩にあたる人物であった。彼は学生の三浦恒助を派遣し、長尾郁子に実験をおこなった。その過程では、三浦が連日、取材合戦を繰り広げていた記者たちに対して、長尾郁子の頭脳から一種の放射線を発するのを発見したと述べ、それを「京大光線」と名付けたために、各紙がいっせいに「京大光線」の発見を報じる事態にも陥っている。そうした盛り上がりの中で、ひとつの事件が起きた。山川の主導でおこなわれた念写実験で、助手の藤教篤《ふじのりあつ》が写真乾板を入れ忘れたのである。長尾郁子はショックを受け、実験は中止となった。この失態については、単なる失念だという見方と、意図的なものだったという見方がある。そして、このうまくいかなかった実験について、藤は長尾郁子の念写実験にはさまざまな疑問点があることを挙げ、念写は手品なりと記者たちの前で断言したのであった。それが掲載された新聞記事を読んで熊本の御船千鶴子はショックを受け、その翌日に服毒自殺にて命を絶った。さらにその一ヶ月後、長尾郁子も三十九歳という若さで病死した。突然、ふたりの被験者を亡くし、意気消沈する福来の前に現れたのが、新たな千里眼を持つ高橋貞子であった。福来は、この三人の女性の実験結果をまとめ、一九一三（大正二）年八月七日に『透視と念写』[135]を出版した。その冒頭で福来は次のように述べる。

雲霞のごとくむらがる天下の反対学者を前に据え置いて、余は次のごとく断言する。透視は事実である。念写もまた事実である。

この著作はアカデミズムから、また世間から多くの批判を浴びた。一方、その出版の前年に教授であった元良勇次郎が亡くなり、代わりに教授になったのが、助教授であった福来ではなく京都帝国大学教授の松本亦太郎であった。そして福来は休職を言い渡される。それは一定期間の後に自動的に退職扱いになるもので、事実上の罷免であった。大学側は、新聞の取材に対し千里眼事件の関係で休職に至ったわけではないことを主張しているが、福来側は関係があったと考えていたようである[136]。

以上が千里眼事件のあらましである。すなわち、この千里眼事件は、福来がひとり勝手におこなったものではなかった。医学、心理学、物理学と、東京帝国大学や京都帝国大学の複数の学者たちが関わり、世間一般の人々までをも巻き込んだ不幸な出来事だったのである。そして、古峡が精神医学会の評議員ないしは賛助員になってほしいと福来に声をかけたのは、この千里眼事件の後であった。世間には批判され、アカデミズムからも見放された福来に、古峡は声をかけたのである。どのような心境だったのだろうか。

古峡は著書の中で、福来について言及している。そこでは透視や念写ができるというものには山師の戯言であったり、手品仕掛けの詐欺であったりすることも多く、真の能力者には出会ったことはないが、それではそのような能力者は存在しないかというと、「容易に「然り」とも「否」とも即答することはできない」という慎重な態度を見せる。そして、福来については「我が日本おいても、先年熊本に御船千鶴子が現われて、福来博士の熱心に研究するところとなったが、未だ一般にその真能力を承認されるにいたらずして夭折したのは惜むべきことであった」と述べている。そして、念写は西洋の心霊現象にはほとんど見られないものであり、日本の学会の名誉のためにも念写が真実であることを証明されることを望むとしている。また、福来の従来の実験が学術的に非常に価値が低いという非難の声を耳にすることは遺憾だと同情を寄せている。その一方で、古峡はこうした心霊問題の研究は、肯定か否定のどちらかに傾きやすく、「私たちはできる限り肯定否定の圏外に立ちて十分客観的かつ批評的」にこれらの現象を判断するべきだとも主張する。面白いのは、こうした考えのもと、古峡は雑誌「変態心理」上で真の透視及び念写の能力者を募集したことである。それも千五百円という賞金付きであった。

三　雑誌「変態心理」における精神分析の紹介

趣意書にも書かれていた通り、日本精神医学会は機関紙「変態心理」を出版した。変態心理とは現代では聞きなれない言葉であるが、古峡によると「一口に変態心理は何かと言うと、普通の精神状態から逸脱しているあらゆる異常な、もしくは特殊な心理作用を総括している名称だということができる。したがってこの言葉の中には、悪い意味のものも含まるれば、また善い意味のものも含まれる」

というものであり、いわゆる異常心理学（Abnormal Psychology）を指すものであったことがわかる。執筆陣の中心となるのは、中村古峡、森田正馬、小熊虎之助らで、他には井上円了や福来友吉、久保良英、上野陽一、富士川游《ゆう》なども名を連ねる。さらに民俗学では柳田國男、金田一京助、南方熊楠が執筆し、文学者や小説家に至っては、幸田露伴をはじめとして豪華な顔ぶれが貴重な原稿を寄せている。

そして、この「変態心理」誌上で、フロイトやユングも次々に紹介されていくこととなった。古峡による翻訳や解説は、戦前のそうした精神分析関連の書籍や論文の中では飛び抜けて分かりやすく、その理解も適切である。現代のものを含めても優れた精神分析の著作の部類に入るのではないだろうか。元は小説家だったので当然かもしれないが、文章が巧いのである。「変態心理」の創刊号には、久保良英の「精神分析方〔ママ〕の起源」が掲載され、一九二〇（大正九）年の十月号からは中村古峡による「精神分析方〔ママ〕解説」の連載が始まる。一九二三（大正一二）年にはフロイトの「日常生活の精神病理」が、一九二五（大正一四）年にはユングの「精神病者の内質」が掲載されている。

この「変態心理」が、日本で初めて精神分析の紹介をしたものだったというわけではない。「変態心理」が紹介する前から、精神分析は少しずつ日本で紹介されていた。現在、分かっているところでは、日本で初めてフロイトの名が紹介されたのは、一九〇二年の森林太郎（森鷗外）によるものと言われている。鷗外は、自身を含めた医学士数人で一八九〇（明治二三）年六月二十一日に日本公衆医事会を組織したが、日清戦争のため一時期中断し、それを継いだ形で新たに会をおこし、雑誌「公衆医事」を発行した。そこで、鷗外は「挾書生」という名前で「性欲雑説」という連載をおこなっている。[137]その中の「男子の性欲抑制」という記事にフロイトの名前が登場する。そして、その四ヶ月後に出版された「哲学雑誌」（一九〇三）には、佐々木政直の「心理学に関する精神病理学」が掲載され、その中でフロイトの『ヒステリー研究』が紹介されている。[138]それは、チューリッヒ大学シュテーリング（ステーリング）教授による心理学講義をまとめた本を、佐々木政直が紹介したものであった。『ヒステリー研究』自体は、一九〇九年の「神経学雑誌研究」の中で、「ブロイエル、フロイド。歇斯的里ノ研究第二版」として「一般医家、須らく一本を備うべきなり」との紹介がおこなわれている。[139]さらに石川貞吉の『精神療法学』（一九一〇）には、「ブロイエル及フロイド氏ノ精神分析法」という精神分析を紹介するページがある。[140]

そして一九一〇年代になると、いよいよ精神分析に関連する書籍がさかんに出版されるようになる。中でも注目すべきは、一九一七（大正六）年に出版された久保良英の『精神分析法』[71]である。第二章で述べたように、久保はホールのもとに留学した人物であった。この久保良英による『精神分析法』が、日本で最初の日本人による精神分析の解説本であるが、ホールの元には、日本の心理学の祖と言われる元良勇次郎も師事したことが知られている。元良は、一八八三（明治一六）年から五年間、ジョンズ・ホプキンズ大学にいたホールから心理学を学んだ。そして帰国してから東京帝国大学で「精神物理学」の講義をおこなったが、これが日本の心理学の始まりだと言われる。先に述べた通り、ホールはのちにクラーク大学の総長となり、一九〇九年にフロイトをアメリカに招待した。元良は帰国してからもホールの著作に目を通していたようであるから、精神分析のことを目にした可能性は十分に考えられるが、元良が精神分析に関心を寄せたかどうかは分からない。今のところ、そのような形跡は認められていない。しかし、一九〇九年に元良を顧問として東京帝国大学教授陣が始めた一般向けの講習会「心理学通俗講話会」は、アカデミズムの中で最初に精神分析を紹介するものとなった。この講習会は、その後、心理学研究会に改名され、雑誌「心理研究」を発刊することとなる。そこで、大槻快尊《かいそん》や上野陽一が精神分析を紹介していったのである。

もう一冊の注目すべき著作は、榊保三郎が著した『性欲研究と精神分析学』[141]であろう。榊保三郎は、初代九大精神科教授榊俶の弟であり、呉秀三の元で学び九大教授となった人物である。新しもの好きであった榊の精神分析への関心は早く、一九一三年の「東亜之光」(第八巻十一号)において「精神分析學」[142]の論文を発表し、一九一九年には『性欲研究と精神分析学』[141]を出版した。榊は、精神分析以外にも数多くの論文、著作を出版し、一九〇五(明治三八)年にイタリア・ローマで開催された万国心理学会に日本代表として参加するなど幅広く活躍していたが、「スタイナッハ手術」をめぐる研究で一転、表舞台から退くこととなった。スタイナッハ手術とは、スタイナッハが提案した輪精管を縛ることで男性ホルモンの分泌を促し、性欲増強、老化防止を狙うという手術である。榊は、これが精神作用を改善するだけではなく、外見的にも若返ると主張した。しかし、東京医学士会がこの研究を問題視し、研究に関する質問状を九州帝国大学医学部長宛に提出したことから対立が起き、最終的には東京医学士会が九州帝国大学総長宛に建議書を出す事態となった。さらに同時期(一九二五年)に法外な料金での出張診療をおこなったというわゆる九大特診事件が起き、その事件の責任を取って榊は職を辞することとなった[143]。

その榊の元で助教授をしていたのが諸岡存《たもつ》であった。事件の影響があったのかは分からないが、諸岡は一九二七年に九州大学を退職し、駒澤大学の教授となって東京に移住する。そして大槻の東京精神分析研究所と関わるようになる。諸岡は、「精神分析思出の記[144]」の中で心理学者エリスによるフロイトの紹介論文を見て面白いと思い、自分が一九〇二年から一九〇三年頃に「女子教育」という雑誌に紹介したのが、日本における最初の紹介であったと記している。エリスによる紹介というのは、おそらく『性の心理』を著したハヴロック・エリス（Henrry Havelock Ellis）のことであろう。一九一四年にはエリスの『夢の心理』も訳出されている。これが日本における最初の紹介かどうかについて調査したところ、諸岡は確かに下田次郎が監修した「女子教育」という雑誌の中で「女性中心説」という連載をおこなっていたが、諸岡が連載していたのは一九〇六年の五月一日発行の号からであった。よって、諸岡の言う「一九〇二年から一九〇三年頃」というのは誤りであろう。そうなると、やはり鷗外の紹介の方が諸岡より早いことになる。とは言っても、かなり早い時期から精神分析に注目していたことには違いない。ちなみにこの榊と諸岡が働いていた当時の九州帝国大学医学部精神科病棟をモデルにした小説が、夢野久作の『ドグラマグラ』である。当時、夢野は九州日報の新聞記者として九州帝大医学部を担当し、特に諸岡から多くを学んだと言われている。

フロイトと会った人々

このように精神分析は少しずつ日本で広まっていった。そうした中で、フロイトに直接会った日本人も登場する。フロイトと面会した日本人については、これまでさまざまな文献で断片的に示されてきた。それらを一堂に集めると、蠣瀬彦蔵、神田左京、松村武雄、高島平三郎、小山秀子、河原明、矢部八重吉、古澤平作、黒川利雄、丸井清泰となる。

各々について少し解説を加えてみよう。二章で述べたように、クラーク大学に留学中だった蠣瀬彦蔵とクラーク大学の心理学教室の助手だった神田左京は、一九〇九年にフロイトがクラーク大学でおこなった講演時にフロイトと会った。その講演時にフロイトが蠣瀬彦蔵と神田左京らと共に写った写真は、高島平三郎がフロイトと面会した時にも話題になっている。

松村武雄は、世界各国の神話や童話の研究者である。松村は、『童話教育新論』[145]の中で、ウィーンに滞在中、フロイトと会見したことを報告している。松村武雄は、フロイトと童話の発生について語り合ったようだが、童話の構成要素となる無意識的願望欲求が性的なものだというフロイトの意見に納得できなかった様子である。この面会は、松村武雄の欧州留学中におこなわれたものであるが、イギリスではユングの「低能児教育における精神分析学の職務」という講演も聴いたという。

フロイトの自宅を初めて訪れた日本人は、これまでに分かっている限りは、高島平三郎、小山秀子、河原明の三名であった。高島平三郎は元々小学校の教員であったが、独学で心理学や教育学などを学び、子どもの家庭教育について多数の著書を書き、児童心理学の発展に大きく貢献した人物である。

数々の大学や学校で教え、後に東洋大学の学長となっている。小山秀子は大阪市の幼稚園の園長に就任後、世界一周旅行をおこなったという女性で、帰国後、自費出版で『地球を廻りて』[146]を出しているが、その中でもフロイトとの面会について記載がある。河原明はウィーン大学に留学中の医師であった。一九二六年の八月に彼らがフロイトを訪れた様子は、「フロイド氏と児童心理を語る」(一九三二)[147]に詳しく記されているが、帰り際に、フロイトが雑然とした机の上に飾られていた一輪の花を小山秀子の襟に挿してあげた、というエピソードは印象的である。

そして一九三〇年、矢部八重吉はベルリンでフロイトと会い、一九三二年には古澤平作が黒川利雄を伴ってフロイトの自宅を訪れ、一九三三年には、丸井清泰がウィーンでフロイトとアンナ・フロイトに会った。

このように日本で精神分析が、そしてフロイトの名が知られていく中で、「変態心理」は先駆けとなった媒体であった。そしてこうして精神分析が知られていくと当然ながら、患者に実践を試みるものも登場してくることとなる。次にそれを見ていこう。

四　古峡の臨床実践

まず取り上げるのは、古屋景晴による『精神療法講義』[148](一九一八)に紹介されているものである。古屋は催眠術をおこなう精神療法家であり、精神分析を応用した「精神分析合成療法」なるものを提唱していた。催眠療法に精神分析の知見を取り入れたものといったところであろうか。

古屋によると、精神的疾病の原因は潜在意識の中にあるので、聞かれても答えることはできないため、催眠状態で質問し、「病原的感動を捜索する」か、あるいは寝かして目を閉じ、外の刺激を遮断して、病気の動機となったことを思い浮かべさせ語らせるのだという。その際には、思い浮かんだことはすべて話さなければならないとしている。また補助方法として患者に「これより手にて君の額を圧す。しかすれば君は必ず余の求むる追想は、形をなして君の眼前に現れ、あるいはまた直ちに思い起こされる」と告げて、患者の額に手を当てて数秒ののち手を離し、見えたものを話させるという「前頭圧定法」を提案する。おそらくこれは、前額法のことであろう。さらに追想が途絶えたら何度もまたそれを繰り返して「病原的観念の発見」をおこなうとしている。そして「ついに病人が屈服して病原的追想を白状するのを待つ」というのが治療方法である。こうした記述からは、抑圧していたものを白状させることに重点が置かれていた印象を受ける。この「精神分析合成療法」の実際の治療例のようなものである。

母親に連れてこられた二十五歳の青年である。見るもの聞くものすべてに不平を言い、悲観し、特に食事場面においてどんなに美味しいものを出したとしてもまずいといい、父親が何を言っても反対して「いじれる」癖を治してほしいとのことであった。通常であれば、暗示療法で「何を食べてもうまい」「親の言う事をよく守る」という暗示を与えるが、今回は「精神分析合成療法」を施行してみたという事例である。

青年はなかなか催眠状態にならず、九回の施術によってようやく「全く理想の」催眠状態に至った。そこで、病気になる前の非常に喜ばしきこと、悲しきことを質問し、応答させたところ、ついに「その病源」の発見に至った。それは失恋であった。青年は好意を寄せる女子学生がいて相思相愛の仲であったが、身分の違いによってその恋を成就することができなかったのである。青年はそのことを誰にも言わず、そのうちに女子学生のことも忘れてしまったが、そのことが潜在意識において「精神的元素」となり、その「元素」が原因で不平不満の人になっていたのであった。その失恋が癒えれば、不平と悲嘆は消えるため、その失恋の状況を逐一語らせ、「抑圧した精神を発散させ」かつ、青年がその女性と一緒にならなかったことはかえって幸せなことである、その女性との恋を遂げれば一生の不幸を招く基《もとい》であった、その不幸の基を作らなかったことは幸福であると暗示し、説得したところ、青年の不幸悲観は消えて、愉快で楽観な人になった。

二章で紹介した丸井の症例を彷彿とさせるものではなかろうか。抑圧していたものを告白させることが治療的だと捉えられ、特に性的、というよりは、失恋や道ならぬ恋といったドラマティックな展開が好まれていた印象を受ける。推理小説のような展開も特徴であろう。

中村古峡の臨床——二重人格の少年（一九一九）[149]

次により詳しく紹介するのは、一九一九（大正八）年、古峡が開業して二年目に報告された古峡の臨床の初期の事例である。先述したように、この時点ではまだ古峡は医者ではなく、臨床家［古峡自身はそう自身を呼んでいる」として精神療法を施したものである。「二重人格の少年」と名付けられたこの事例は、二期からなる。最初の第一期は、一九一七（大正六）年三月に書かれ、一度、雑誌に掲載されたものである。その後、再び患者が来談し、治療が再開され、『変態心理の研究』[149]（一九一九）にはその両方の治療過程が掲載されている。

少年は、古峡がかつて勤務していた中学校から紹介された、盗癖のある十六歳の少年で、矯正を依頼されたものである。山田虎雄という仮名がつけられている。古峡は治療の前に母親から詳しい生育歴を聞いている。母親は「だぶだぶと肥った、一見産婆か下宿屋の女将といった風」であり、「年老った女性にありがちな非常に話のくどいかつ涙脆い女」であった。山田虎雄は、その母親の財布からお金を盗んでは浅草に活動写真を見に行ってしまうことが問題であった。

古峡の治療は、催眠をかけて暗示をおこなうという治療法であった。例えば、古峡は第一回目に「不良少年のついに落ちていくべき監獄の中の悲惨な光景」を錯覚と幻覚を利用して見させ、「今後窃盗などという悪心の起らない暗示」を与えた。一回目のあと、しばらく彼は人が変わったようにおとなしくなったが、決まった日に来談せず、不定期な来談だったこともあり、盗癖は繰り返しおこなわれることとなった。そこで古峡が、少年に一時間あまり厳しく問い詰めた後で、亡き父親の亡霊を見せたところ、山田少年は「恐怖に全身を震わせながら、終始悲鳴の声をあげ」、「今度こそは改心する」と亡き父親の亡霊に誓った。これで大丈夫だろうという古峡の予想に反して、少年は再び母親の財布からお金を盗んだため、古峡は、「こんなにくるくると変わる」少年は二重人格ではないかと疑うようになっていった。活動写真を見に行きたいとなる時の少年は「目が鋭く輝き、語気は荒くなり、面相がまるで見違えるようになる」という母親の話からも古峡は疑いを強めた。とうとう古峡は山田少年を催眠状態にして第二人格である「悪心」を呼び出すことにした。

悪心を呼び出すと山田の態度はがらりと変わった。今までは恐怖と後悔とにただ悄然としていたものが、にわかに傲然としてかつ非常に能弁となった。悪心は山田を三人称で読んだ。

そして古峡は悪心と問答したのである。

余「一体君はいつ頃から山田と親しくなったのだ」
悪心「もう古いことだ。山田の子供の時分から、しかしこの二三年特に親しくなった」
余「何が動機で親しくなったのか」
悪心の答えがないので再三催促すると、ようやく「忘れた」と一言いう。
余「どうか山田と離別してくれることはできまいか。君がいると山田がどうしても遊んで仕様がないから」
悪心（しばらく考えた後）「厭だ」
余「しかし山田はまだ学生の身分で、これから勉強してえらいものになって、早くお母さんを安心させなければならないんだから」
余は再三再四、山田との離別を懇願したが、頑固な悪心はどうしても余が願いを聞き入れようとはしなかった。
余「これほど頼むのに離別しなければ、暴力をもって追い出して見せるがいいか」
悪心「いいとも！　決して追い出されるものか！」

古峡は暗示法によって、悪心を壁に磔にしたりして、散々ひどい目にあわせた。ついに悪心も降参したようであったが、その後、母親が嘘をついて少年を治療に連れてこなかったり、お金を渡したりという母親の問題が明らかになっていく中で、再び悪心が登場する。古峡は再度悪心と問答する。

余「貴様は先日山田とは最早離別すると誓っておきながら、何故山田を誘惑したのだ」
悪心「機会さえあればまた誘惑してやろうとあいつの身辺につきまとっているのだ」
余「天下に人間が多いのに、山田一人に離れられないとは、貴様もよほど意気地のない奴だね」
悪心「生意気言うな。山田は非常に意志の弱い男だから、俺にはよほど誘惑しやすいのだ」
（中略）
余「今一度山田の心から出て行け」
悪心「なに出て行くものか。山田が死ぬまで食いついてやる」

余「出ていかなければ又暴力で追出すがいいか」
悪心「追出すなら追出して見よ。決して出て行くものか」

治療はここで一旦、中断に陥ることとなった。ここまでを振り返り、古峡はこの少年の盗癖は、母親の甘さの問題だと指摘している。それからしばらくしてから、再びその母親が姿を見せた。事態はより悪化していた。が、治療を求めたのは少年の方であった。少年は母親に「お母さん、僕は自分で自分がわかりません、といえばおかしくお思いでしょうが、僕は自分一人はどうしてもなおせません」という手紙を書き、「お母さんにこんなことを言ってはすいませんが、もう一ぺん、もうこれきり、どうか中村先生の所へつれて行って下さいませんか」と請うたのであった。

そうして古峡は再び治療に取り掛かった。催眠をかけて悪心を呼び出したのである。古峡は、前回とは方針を変え、「あくまでも気長き説得」によって、悪心を追い出そうとする。古峡は悪心をおだてて、悪心が気を良くしたところで、少年と「しばらくの間」絶縁するように頼み込んだ。悪心がそれを了解すると、「しばらく」という年限を古峡が決めてよいかと悪心に尋ねた。悪心がそれを承諾するや否や古峡はすかさず「では百年！」と言った。すると悪心は「ぢゃ仕方がねえから百年間別れてやろう」と答え、交換条件として「三万円」の手切れ金を要求した。古峡は幻覚を利用して三万円の札束を渡し、悪心は消え去ったのであった。

なんだか妖怪退治のような展開である。しかし、そこでめでたく治療終了とはならなかった。その後、しばらくしてからまた盗癖が復活したため、少年はやってくることとなった。そこで古峡が催眠をかけ、別の人格を呼び出すと、それは前の悪心の「兄分」だと言い放った。その第三人格は「飲んだり食ったり気に食わねえ奴があったら直ぐ殺したりするのが商売だから飲食殺《のみくいころす》太《だ》という名前よ」と名乗った。これには古峡も「随分即席にでたらめの名前をつけるものだと、腹の中で噴き出したかった」と呆れている。そして、再び手切れ金を渡し、追い出すことに成功したが、その第三人格は親切にも、兄弟は大勢いて「何時誰が山田に取付かぬとも限らぬ」ので、一度、親分に会ってお願いした方がよいと古峡に忠告したのであった。古峡は「飲食殺太」の忠告にしたがって親分を呼び出すことにした。親分の名前を問うと、親分は「柳の下の親分」という通称を名乗り、本名は明かさなかった。親分もまた手切れ金を受け取って去っていった。催眠状態を解くと、山田少年は「まるで人間が変わって、また元の快活な山田虎雄」になった。以降も治療は続いたようであるが、親分が去った後は、行動も落ち着き、盗癖も見られなくなったという。治療はようやく終わりを迎えたのである。

しかし精神分析的には、親分が去った後の催眠の中で古峡が見出したことが興味深い。それは急に気分が変わって浅草に行きたくなった時に少年がどのような気持ちになっているかを古峡が尋ねた時のことである。少年は以下のように答えた。

なんだか急に物寂しい気分になって、頭から冷水でも浴びた心持になる。そうすると必ず柳の並木が幻に見える。その柳の木下には小川が流れて、その向こうには草原のようなところが見える。

この情景が心の中に浮かんでくると、少年はたまらなくなって、活動写真を見に浅草へ飛び出してしまうというのであった。古峡は、この情景と「柳の下の親分」には関係があるのではないかと考え、さまざまに関係しそうな事柄を尋ねてみた。古峡は「まだこれぞと思う場合には接したことがない」としながらも、参考になりそうなものとして、少年が幼い頃の一場面を挙げる。それは、少年がまだ八つか九つ、新義州［朝鮮民主主義人民共和国の北西部に位置する平安北道の道都］に住んでいた頃のこと、少年は母親にお金をもらって文房具を買いにいくために外出した。文房具屋に行くためには、橋を渡って川の対岸にでなければならなかった。橋の手前には警察署があり、その門前から川の両岸にかけて、一面に大きな柳の並木があった。少年が橋のたもとまで歩いてくると、柳並木の下に一面にむしろがかけられていた。少年が好奇心から近づくと、突然、風にむしろが煽られ、中が見えた。それは朝鮮人の複数の死体であった。彼はその朝、十数名の朝鮮馬賊が、警察によって殺されたのを聞いていたことを思い出したのであった。

古峡は少年の「悪に同情する念慮―山田を誘惑する幻影の柳―山田の催眠状態中に出て来た「柳の下の親分」」といった「潜在観念」は、この出来事によって次第に育まれたものではなかったかと考察している。現代の視点からすると、この出来事が少年の外傷体験であったことは十分考えられるものである。フラッシュバックを打ち消すために、活動写真にのめり込んでいたという理解も成り立つかもしれない。しかし、古峡のこうした考察とともに、実際におこなわれた治療過程の中で古峡が病因として考えていたのは、二重人格という現象の悪心の存在であり、治療目標は、悪心を追い出すことだったように思われる。戸田（二〇〇九）[150]はこの古峡の治療と加持祈禱との類似性を指摘し、考察している。すなわち、憑き物落としと同じ手法だと言うことである。治療過程の中でも、悪心が「出て行く」とか悪心を「追い出す」という表現が見られる。それは取り憑いているという理解があってのことだろう。その一方で、「潜在観念」という言葉を用いて考察しているように、病源を探ろうとする意図も見られる。そこには、潜在意識の中にその病源を発見することで治癒するという考えがあってのことだと思われる。それは、『ヒステリー研究』におけるフロイトの考え方とも重なるものである。すなわちこの症例報告は、それまでの日本の治療法であった憑き物落としと、催眠術、そして精神分析理解とが入り混じったものなのである。

五　精神医学会の終了とその後

森田正馬との出会い

やがて古峡は催眠療法や暗示療法に行き詰まり、特に精神病の患者には役に立たないことから、医学を研究したいと思うようになり、一九二六年に東京医学専門学校（現在の東京医科大学）に編入学する。古峡によると、一九二三年の関東大震災によって雑誌やその他の出版事業などが「絶滅に帰した」ために時間ができたことも、東京医専に入るきっかけになったようである。雑誌「変態心理」は、一九二六年十月で終刊となった。古峡は、東京医専を一九二八（昭和三）年に卒業し、その翌年に精神科医として診療所を開業した。その診療所は、一九三七（昭和十二）年に詩人の中原中也が入院したことでも知られている。そこでおこなわれていた治療はいくつかの著作でかなり詳しく報告されているが、森田療法を軸に、中でも作業療法を重視したものであった。古峡の日記によると、森田との出会いは日本精神医学会の設立における評議員への働きかけの中だったとのことで、そこでふたりは意気投合したようである。

そこから、森田は、変態心理への寄稿を通じて直接的、間接的に古峡を指導してくれたのだという。[151]さらに森田の最初の著書である『神経質及神経衰弱症の療法』（一九二一）[152]は日本精神医学会から発刊されている。古峡はこの本を売るためにずいぶんと苦労したらしい。古峡は森田の精神分析批判には次のような懸念を示している。

殊にフロイドの精神分析法に対する氏の態度如きは、ほとんど攻撃せんがための攻撃であるとしか見られないことが多い。実際森田博士ほど、フロイド嫌いな人は他に多くあるまい。ほとんど不必要と思われるところにまで、直ぐフロイドの無意識説や潜在観念説を引合に出して、それも堂々とフロイド学説の本拠を突くのならまだしも、多くは枝葉の言葉尻を捉えて、冷笑したり、揚足を取ったりして喜んでいられる観がある。博学多識の氏としては憎むべきことであると思う。もちろん、フロイドの精神分析が、今後の治療学上にどれほどの貢献をなし得るかについては、私もそれほど多くを期待している者ではない。しかしながら、最初は単なる神経病の治療から発足して、のちには夢、誤謬、機知、諧謔、性欲本能、児童心理、芸術心理、群集心理、民族心理にまでも新解釈を及ぼし、さらにその後継者たちによって神話学、宗教学、教育学、文学、芸術等の諸方面にまで、新しい適応と解明をもたらした精神分析学には、今後まだまだ将来のあることを私達は信じて疑わないのである。思うに森田博士のフロイドに対する反感は、亜米利加《アメリカ》あたりの無定見な精神分析派の流行運動に憤られてのことであろう。[151]

森田は一九二一（大正十）年に出版された「変態心理学講義録」第三編の『精神療法講義』[153]においても精神分析批判を展開している。一方、その講義録の第一編『変態心理講義』の著者は古峡で、第十二章第六節「夢の現象」にはフロイト、ユング、アドラーが紹介されていた。森田は雑誌「変態心理」誌上で、古峡が精神分析を紹介しているため、自分は精神分析の要点と批評のみをおこなうことを最初に断っているが、その冒頭から「クレペリンの如きは之を迷信的にみなし、フロイドの説を信ずるものは済度［仏教用語で救済の意味］すべからざるものであると迄にいっている」と述べ、フロイトの論法は終始、目的論的で精神の自然現象を先入観から人工的に焼き直すもので、迷信に陥れる恐れがある、と手厳しく批判している。ここで批判の対象となっているもののひとつは、フロイトの「抑圧」概念についてである。森田は、不快な経験を抑圧して忘却するということに、「忘却も突然の思い付きも決して吾等の自由にはできぬ。自然の現象である」と述べ、観念は現在の刺激によって変化するもので、刺激が縁遠くなれば忘却し、偶然に現在の刺激と融合すると突然の思い付きとなるのだと否定している。その批判の中で度々登場するのが強迫観念についてである。フロイトを擁護するならば、森田が批判の対象とした抑圧理論はヒステリーを対象としたものである。しかし、おそらく批判する上で森田が思い浮かべているのは強迫神経症の患者である。ヒステリーと強迫の患者には異なる機制があることは、フロイトも数々の論文で指摘していることである。森田はそれを見落としているようにみえる。森田は精神分析によって、自分の気づかない原因を知り、患者に理解させることは自己内省の修養になり、自分の病気に対して客観的に観察できるようになって、自分の思想や欲望を統制できるための修養となることは認めるとしつつも、精神分析だけではヒステリーの根本的原因である感情過敏の性格を鍛えるには足りないとしている。さらに精神分析の欠点として、その技術に大いなる熟練が必要で患者を取り扱うまでには長い時間を要し、かつ患者の十分な信頼と委任を必要とし、治療にも長い時間がかかるなど、患者にとって制限の多い療法であると結論づけている。古峡は、こうした森田の批判については難色を示していたが、やがて古峡もまた精神分析からは完全に離れていった。

古峡が確立した治療法

一九三六年、古峡の元を大槻が訪ねた。古峡の療養所の見学は、探訪記として雑誌「精神分析」で報告されている。[154] その中で、大槻は古峡に、分析についての経験はないのかと尋ねた。古峡は大槻に

「貴方には誠に相済まぬが、療法としての分析には全く愛想をつかしているのだ」と答えた。これに対して大槻は、「氏の論文や翻訳を拝見したところでは氏は分析に対してほとんど理解を欠いているという事は私にはよく分かっていたから」この返答を聴いても驚きもしなければ不快にも感じなかったと述べ、「愛想をつかしたのは氏の方からではなくして分析学の方からであったろう」と書いている。これについては、「療法として以外の方面でも精神分析の意義が分かっているように思えない」、「精神分析に愛想をつかす資格がない」、などと表現を変えてしつこく言及されている。さらに古峡が、神経衰弱の娘を診てほしいと頼まれ家に伺ったところ、そこにいたのは「立派な早発性痴呆症患者」で、両親に娘は神経衰弱どころではなく、重患の精神病患者であることを伝えて入院を勧めたところ、母親が烈火のごとく怒り、家名を傷つけるものだ、人の娘を気狂い呼ばわりしてと古峡を責め立てたという笑い話をしたことに、大槻は、「氏は患者どころか、健康人を取り扱う方法さえも心得ていない」と批判している。さらに、両親の願望通りの診断を与えてほしいという願望すら「分析観破」できないようなことで、精神異常者の取り扱いができるのだろうか、治療における精神分析の威力を全然理解していないことをかえって誠に気の毒にこそ思う、などと述べ、最後には「氏は素質的にすでに分析者でないばかりでなく、精神療法家でさえないのではなかろうかと思われる」とまで書いている。両親の気持ちを分かっていないという大槻の言い分にも一理あるが、古峡は笑い話として来客の大槻に話したわけであり、おそらくここで古峡が伝えたかったのは、医学診断の大切さだったたであろう。古峡は弟を救いたかった人である。弟は神経衰弱ではなかった。重度の精神病であった。フロイトもまた精神病患者には精神分析は役立たないと考えた。その後、精神病に対する精神分析は発展していくこととなるが、それは先の話である。そうした意味では、古峡の感じた精神分析の限界は正しかった。彼は精神分析を探していたわけではなく、弟のような精神病患者を救う方法を探していたのである。作業療法に彼が行き着いたのは、当然の帰結だったように思われる。

　こうした大槻の一方的な批判に古峡も黙ってはいなかった。ここでも大槻は人を怒らせてしまった。古峡は、この大槻に対する反論を療養所の機関紙「黎明」に「某精神分析学者に与ふ」というタイトルのもと発表したが、のちに「大槻憲二氏に応えて精神分析療法を論ず」と改められ、著書『病弱から全健康へ』[155]の中に収録された。大槻の勝手な言い分に黙っておくわけにはいかなかったのだろう。

　まず古峡は大槻のことを「精神分析学研究の大家」として敬意を払っていたが、まさか分析療法にまで関心があるとは思わなかったので軽い気持ちで精神分析に愛想をつかしていると言ったのだと断っている。その上で統合失調症の弟の死によって精神病の悲惨さを痛感したことが今の仕事の発端であり、催眠療法や暗示療法をおこなったものの、その応用範囲が思ったよりも狭く、症状が複雑になると行き詰ってしまったので、愛想をつかしてしまった。その次におこなったのが精神分析であったが、やはりその応用範囲が非常に局限されていることに失望したのだと説明している。その当時、大正十年前後には精神分析は一般に知られておらず、忍耐強く通ってくるものもいなかったのだという。古峡は自分は「物質医学――かつてはむしろ反感を持ち、それを見返してやろうとまで考えたその物質医学――に頭を下げて、ヤブ医者の一人になった鈍物であります」と述べている。確かにかつて古峡は医学を批判し「日本精神医学会」を設立した。それは「物質医学」に対峙するものであった。しかし、「精神医学」にもまた多くの限界があったのである。古峡は次のように述べている。

> あなたは私の療法を森田正馬氏を宗《そう》とする説得療法に過ぎないように書いておられますが、それは大きな間違いです、勿論私は説得もします、訓戒も与えます、作業訓練も奨励します（私はこれらを総称して仮に教育療法と呼びたいと思っています。）しかし森田さんが絶対に排斥されている薬物療法や注射療法も、治療に効果ありと信じたことは盛んに施行しておりますし、また森田さんでは全然忌避しておられる宗教や信仰方面も、私の方では出来得る限り患者に真の宗教心を吹込み、真の信仰を獲得させることを〔ママ〕に努力しております。（神経病者には特に迷信惑溺者が多いからです。）これらは森田さんに言わせれば邪道であり、あなたから見ればまた別の意味で邪道かもしれませんが、私は私として信じるところに進んでいるのです。勿論現在をもって決して満足はしておりませんが、私の意見ではいわゆる精神療法と物質療法との総合作用の上に真の治療は成立つものと考えております。一方に偏することは不完全だと思います。[155]

古峡は催眠療法、精神分析、そして森田療法を経て、独自の治療論を見出し実践していった。この過程は、弟の死をめぐる壮大な喪の作業であったことだろう。その活動は、きわめて個人的なものである一方で、広く社会に影響を与えたものである。雑誌「主婦の友」において、古峡がおこなった神経症の連載には、千通もの相談の手紙が寄せられたという。古峡の活動は、日本社会における精神療法の理解に、そして精神分析の啓蒙に大きな役割を果たしたものであった。

第五章　日本精神分析学会の創設——古澤平作

一　古澤と精神分析の出会い

戦争は、育ちつつあった日本の精神分析に深刻な暗い影を落とすものだった。山村（一九八四）[56]は、一九四四年に日本精神神経学会で発表をおこなった際、「この時期に、ユダヤ人の学問を取り上げることはと、非国民扱いされた」と述べている。一九四二年から日本本土でも空襲が始まり、一九四四年には東京大空襲で多くの人が犠牲となった。東京支部の会員はもちろん、仙台支部の会員の半数以上も東京に住んでいた。疎開を余儀なくされ、精神分析を続けられなくなった人も少なくはなかったことだろう。しかし、古澤は東京を離れなかった。小此木は古澤の追悼論文[156]の中で、「先生は空襲中、もし家が焼けても、自分の焼け跡に一人でも通ってくる患者さんがいる以上、石の上に腰をかけて自由連想を続けるとおっしゃって疎開されなかったそうであります」と述べている。やがて終戦を迎え、古澤は多くの分析家、臨床家をその地で育てていくこととなる。この章では、戦後の日本の新しい精神分析コミュニティとなる日本精神分析学会の創設を中心に、古澤平作（一八九七―一九六八、図19）について述べていくこととする。

古澤平作について

古澤は一八九七（明治三十）年七月十六日 神奈川県厚木市船子に生まれた。家は、江戸時代から四百年続いた旧家であった。母親の家は藤原秀郷の子孫を名乗る大地主だったという。父親は町の小銀行の頭取をつとめ、煙草の元売りも兼業していた。小作人を使う米作農家で、多少の畑の他、山も持ち、相当な資産家だったようである。古澤は十人兄弟の九番目で、第四子の長兄とは二十歳も年が離れていた。母親は家の切り盛りに忙しく、いち［またはイシ］という子守に養育は任されていた。そのせいもあったのだろう。古澤は母親があまり自分に関心がないと感じて育ったようである。[55]

少年時代の印象的なエピソードとしては、中学時代、保守的な校長排斥の運動が起こった際、古澤はストライキの先頭にたち、停学処分を受けている。一年留年して一高の理科を受験したが、不合格となり、翌年に仙台の二校の理科に進学。二校では、浄土真宗系の導交会自治寮に入った。そこでのちにフロイトの元を一緒に訪れることとなる黒川利雄と出会っている。般若心経を唱えて朝食をとるような寮生活で、著名人を招いての公開講演には浄土真宗の近角常観《ちかずみじょうかん》も招かれたことがあったそうである。近角常観は、真宗大谷派の僧侶であり、阿闍世《あじゃせ》コンプレックスをはじめ、古澤に大きな影響を及ぼした人物である。

二高を卒業した一九二一年、二十四歳の時、古澤は網膜剥離に罹患し、闘病生活を余儀なくされた。結果、右目失明、左目の斜視と弱視となった。後年、古澤はこれについて、教え子だった木田恵子に次のように伝えている。

> 私の目が悪くなったことと、貰い乳で育ったことが関係あるような気がします。私をつきさすような相手の子どもの敵対心を横目ではねのけながら、私は一生懸命にその子の乳を奪い取った。じっとその子を横目で見返したことに、罪悪感や恐怖が入り混じっている。私の目は罰せられたと思います。[157]

古澤はその後、東北大学医学部精神医学教室に入局する。これが丸井と、そして精神分析との出会いであった。

図19　古澤平作
（日本精神分析学会50周年記念展示会資料より）

フロイトとの面会——土産の不二山の絵について

一九三二年二月十一日午後一時頃、古澤はウィーンにいた友人の黒川利雄を通訳として伴い、フロイトの自宅を訪れた。出迎えたフロイトは、日本人に非常に興味を持っていると言い、東京の矢部から便りがあったといって、矢部から送られてきた写真を見せた。古澤は種々雑多なものが所狭しと並ぶ「考古学者の研究室」のような書斎に並ぶ仏像に注意を惹かれた。古澤は会話ができなかった。それに対してフロイトは、分析をするとなると語学が第一だ、それには女との交際も必要だろうと冗談を言ったという。

われわれ日本人は日常の会話はあまりできなくとも学問の議論になると堂々とできる。私もこの例にもれず、殊に話しだすと私は相手を忘れる。パラノイヤの話になったら天才フロイドのことを忘れて喋りまくった。日本人のパラノイヤが治りやすいのは思想がないからだと言ったら、先生はそんなこともないだろうと言われた。私は阿闍世コンプレックスに続く考え方なので非常に力をいれて話したと思う。そのときわたしは「不二山」の額をお土産にさしあげた。あとでそのまえに立って三人でこれを眺めた。[158]

この「不二山」の額は、悠々とそびえ立つ富士山が湖の湖面に映った、いわゆる「逆さ富士」が描かれた美しい木版画である（図20）。その後、フロイトの待合室にその絵は飾られ、現在ではロンドンのフロイト・ミュージアムで見ることができる。

この「不二山」の絵の作者は、Kiyoshi Yoshida だと言われてきた。フロイト・ミュージアムの出版している *20 Maresfield Gardens*[159] という所蔵品について記した本にも、この絵について「Fujiyama」という見出しとともに「by Kiyoshi Yoshida」とある。そこでは贈った古澤についての説明はなされ

図20 吉田博《山中湖》(1929)

ているが、作者については名前以外の情報は一切記載されていない。他にも『フロイトと日本人——往復書簡と精神分析への抵抗』[3] や *Crossroads in Psychoanalysis, Buddhism, and Mindfulness: The Word and the Breath*[160] など、絵について言及した本は揃って「Kiyoshi Yoshida」の作であると書いている。しかし、この「よしだ きよし」という画家については詳細が不明であり、そのため無名の画家の絵とされ、土産屋で買ったんじゃないかという話がまことしやかに噂されているほどであった。

実は、この絵の作者は吉《よし》田《だ》博《ひろし》である。そして絵のタイトルは《山中湖》(一九二九)という。吉田博(一八七六年九月十九日—一九五〇年四月五日)は、福岡の久留米出身の画家である。吉田は、旧黒田藩校であった中学修猷館（現在の福岡県立修猷館高校）に入学し、そこで図画教師をしていた吉田嘉三郎に絵の才能を認められ、養子となった。十七歳の時に不同舎に入門し、本格的に洋画を学び、二十代の前半で渡米して、デトロイト美術館でおこなった展示で大成功をおさめた。それを契機にアメリカ、ヨーロッパで多くの展覧会をおこない、数々の賞も受賞し、三十代半ばからは文展の審査員を歴任している。吉田は、元々は油彩を得意としていたが、四十九歳から木版画に取り組み、優れた作品を数多く残した。[161] フロイトに贈られた《山中湖》もその時期の作品のひとつである。吉田博研究の第一人者である安永（二〇一六）[162]によると、日本の古い伝統を持つ木版画の世界に洋画の新しい視点を導入した吉田博の木版画は、他に類例を見ない独自の創造として高く評価され、いまだに世界的な人気を博しているという。その後、西洋の精神分析と東洋の仏教思想の融合を試み、独自の理論を築きあげていくこととなる。古澤が、そうした一枚の絵を土産として持参したことは興味深い。

古澤は語学を勉強したのち、一九三二年九月二十八日よりリチャード・ステルバから個人分析を受け始めた。ステルバは、ウィーン生まれの精神分析家で古澤とはひとつ違いであった。父親は数学と物理学の大学教授で、そのような家庭背景もあってか、教養に富み、優れたバイオリニストでもあった。ステルバは、芸術家の精神分析研究をおこない、ベートーベンやミケランジェロの伝記も出版している。オーストリアがナチス・ドイツに併合されたため、一九三九年に家族でデトロイトに移住し、九十一歳でその生涯を閉じた。ステルバは一九二五年に準会員となり、一九二八年に正会員、一九二九年までに訓練分析家となっているため、古澤と出会ったのは、まだ訓練分析家になって数年しか経っていない時だったようである。

古澤は個人分析によって改善したふたつの事をあげている。古澤は昔から、お菓子屋の前に立つと物欲しそうな感じが起こり、誰かが自分をみて「お前は卑しい奴だな」と言われるような「強迫感情と強迫観念」があった。それはウィーンにおいても、ショーウィンドーの山積みされたチョコレートを見た時に起きたものであった。しかし、個人分析を受け始めて三日目の夜中、突然、便意を催し、トイレに駆け込み、激しい下痢をした。次の朝、いつものようにショーウィンドーを通りかかって古澤は驚いた。「強迫感情と強迫観念」がすっかり消えていたからである。「台風の後のあの清々しいあるいは東京の雪の朝のあの晴れ上がった空のよう」と古澤は表現している。おそらく分析の三日目に卑しさにまつわることが精神分析の中で取り扱われたのではないかと推測されるが、その内容については分からない。そしてもうひとつは、人を窮屈がらせるところについてである。これについては周りから指摘されて気づいたらしく、日本に戻ってきてからそれがひどく緩和されたのだという。[163] 加えて、古澤はフェダーンからスーパービジョンを受けたと言われている。しかし、その詳細は不明である。

さらにこの留学中、古澤は、「罪悪意識の二種」という論文を完成させた。夏休みだったため、フロイトの別荘に届けたが、ちょうどフロイトは癌の手術後で午睡中だったため、直接、手渡すことは叶わなかった。これは阿闍世コンプレックスについての論文であった。そこで、古澤が引用した阿闍世の話は、経典とは異なるもので、古澤の事実誤認だと言われてきた。しかし、近年、それが近角常観の『懺悔録』から引用されていたことが岩田の研究（二〇一四）[164]によって明らかにされている。この古澤の阿闍世コンプレックスの論文へのフロイトの反応は冷たいものだったと言う説と非常に激賞されたという説と両方ある。どちらも古澤から分析を受けた弟子たちの残したエピソードであるが、真実は分からない。

そして、一九三三（昭和八）年二月九日に古澤は帰国した。そのわずか六ヶ月後の八月三十一日には、丸井が欧州へと渡り、仙台支部の設立の許しを得て帰朝し、一九三四年二月には、仙台支部が創設された。そこで古澤も仙台支部の会員のひとりとして登録されている。けれども古澤は仙台には戻らなかった。帰国後、古澤は、東玉川（東京市世田谷区東玉川町一九〇）にて精神分析の治療をおこなう「精神分析学診療所」を開設した（図21）。

二　古澤の精神分析臨床

留学前の精神分析臨床

古澤は、一九二七年、京都でおこなわれた精神神経学会で「赤面恐怖症の精神分析例」を発表した際、森田正馬からの厳しい批判にあったことから丸井の教える精神分析に疑問を持ち、留学に至ったといわれる。その時の発表抄録が残されているので、紹介しよう。

赤面恐怖症の精神分析例

東北帝國大学医学部精神科教室　古澤平作

演者は赤面恐怖症の一例につきまず既往症より説き起し、発病及び経過、分析経過の概要に及びついにこの場合の赤面恐怖症の原因を成せる物が手淫に関する観念複合体と厳格なる理想我との軋轢より来たる投影作用にありとなし。なおこの赤面恐怖症の補助的要素として幼児より固定せる暴露症的傾向を認むべしと結論せり。しかして本患者において投影作用を引き起こす所の良心過敏即ち厳格なる理想我の生成に於いては、そが主としてエディプス複合体に因する父に対する両極性感情態度と母に対する同一視の心的規制によるとなし、なお厳格なる理想我の生成には本患者に見らるる第二次的自己愛が大関係ありとせり。[165]

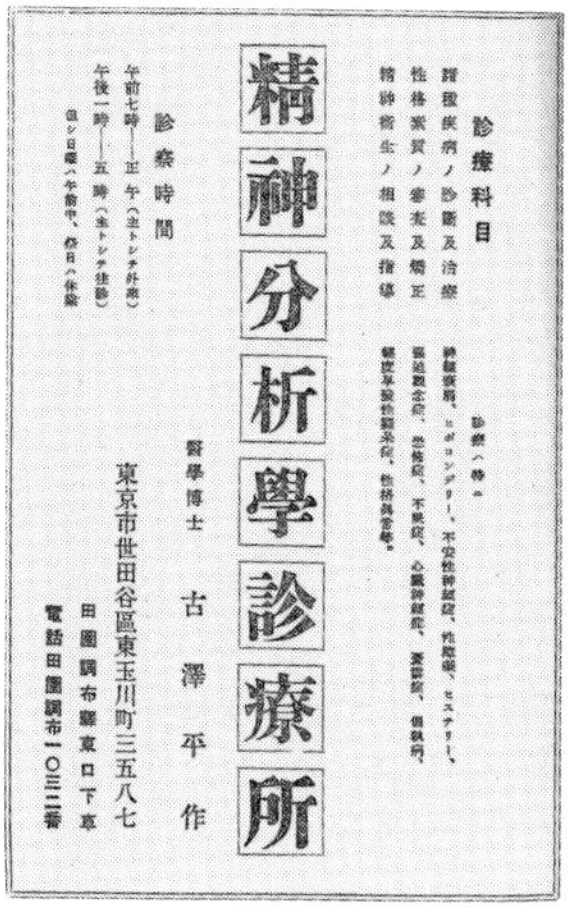

図21　雑誌「精神分析」に掲載された精神分析診療所の広告

すなわち患者の赤面恐怖症の原因が手淫にあり、厳しい超自我との葛藤が症状を引き起こしていると考え、その葛藤の背景にエディプス・コンプレックスがあるという理解である。具体的なことが何も書かれていないため、なぜそのような理解に至ったのかは分からない。そのため、全体的に精神分析のモデルをただ当てはめてみたと取られても仕方のない印象も受ける。発表抄録が掲載された「精神神経学」誌には、古澤の発表抄録に続いて同教室の小峰茂三郎の発表抄録「自殺行為をあえてせる妄想性抑鬱状態の精神分析例[166]」が掲載されているが、こちらも同様で、具体的なことは書かれず、「「リビドー」態度」が一時的にサディズムに退行して、それが自己の力が弱いために相手に向かわず自分に向かって自殺行為が起きたというやや強引とも思える説明がなされている。森田はどのような批判をおこなったのだろうか。この大会では、森田が「変質者の分類について」という演説をおこない、それに対して丸井が批判をおこなっていることから、その一連の流れの中で、丸井教室の一員であった古澤の発表に対しても批判がおこなわれたところがあったのかもしれない。

古澤は次の年には、「洗浄癖の精神分析一治験例[167]」「或強迫観念の成因とその心的構造[168]」「エディプス複合体を内容とする定型夢を最後として治癒せる強迫観念性精神症の分析例[169]」を、さらにその次の年には「強迫観念性神経官能症及び赤面恐怖症のけるんこんぷれっくすについて[170]*」と「エディプス複合体に関する一考察[171]」を発表している。それらの論文の中ではクラインやアブラハムが引用されていることが確認できる。

そして一九三二年に留学したが、一九三三年の *Internationale Zeitschrift für Psychoanalyse* においてマイケル・バリント、アーネスト・ジョーンズ、カレン・ホーナイ、ポール・フェダーン、クラインの娘であるメリッタ・シュミテバーグといった錚々たる分析家たちと並んで古澤の論文が掲載されている[172]。タイトルは、"Eine schizophrene Gesichtshalluzination"（統合失調症の顔面の幻覚）で、これは博士論文における「精神乖離症性幻視について」(一九三三年)と、一部に表現の違いはあるものの同じものである。症例は古澤が留学前に受け持っていたものと思われる、統合失調症の十九歳の男子学生で、「動いている白いベール」が見えるという幻視に苦しんでいた患者である。患者は父親に対する暴力行為から入院に至った。顔に汚い物、唾液や鼻水、精液がついていると思うと幻視と頭の充血感は強まり、女性の赤い下着を目にすると、それが強い性的興奮のきっかけとなった。論文では、母親の赤い下着を見たことがきっかけであったことや、白いベールという幻視は父親のタバコの煙に由来するものであることなどが明らかにされている。そして、それらがリビドーの嗅覚器官や呼吸器官への過剰備給によって引き起こされるといった経済論的観点からの考察がなされている。

このように留学前の古澤の精神分析論文は、症状形成を精神分析理論から説明するといったものが主であり、実際にどのような「精神分析」をおこなっていたかは明示されていない。古澤の臨床の実際を知ることができるのは、留学後に書かれたものからである。次にそれを見ていくこととしよう。

留学後の精神分析臨床

古澤は帰国から二年後の一九三五年にフロイト宛ての手紙の中で「私は今先生の作られたところの

* kern complex のことかと思われる。英語では nuclear complex と訳される。一九〇八年にフロイトがユングへの手紙の中で記したのが最初だと言われている。意味としては、エディプス・コンプレックスのことであり、後にフロイトはそう呼んだため、現在ではほとんど用いられない表現である。

精神分析という技術を応用して毎日毎日病者の為に喜んで仕事をしています」[3]と書き送った。この古澤による精神分析の応用は、のちにさまざまな批判を浴びることとなる。しかし当時の古澤にとってはむしろ誇るべきものであった。だからこそ、フロイトにも書き送ったのである。古澤自身がいくつかの論考で書き綴った精神分析の応用の話から感じられるのは、それらによって精神分析を発展せしめたという自負の念である。実際に近年では、古澤のこうした精神分析の応用について再評価する動きもあるので、あながちそれが全くの間違いだったとも言えないだろう。けれどもかつての古澤は丸井の精神分析に対して、それは精神分析ではないと批判を向けていたのである。その批判から留学したのではなかったのかと首を傾げたくなる気持ちも一方で起きる。

この古澤の応用におけるひとつは、精神分析の設定に関するものである。精神分析は毎日分析と言われるように高頻度のセッションを基本としている。現代では週四回が主流であるが、当時は週五回、六回という実践がなされていた。古澤はこれを週に一回とした。それは現代の日本の精神分析の領域で脈々と受け継がれているものである。小此木は、古澤がこのように精神分析を簡略化した理由を、戦前の日本人の間には医学的な精神療法を受け入れる常識がほとんど皆無であり、特にフロイト的な治療態度は日本では異質なものであり、そのままの形では適応し難いものであったからだと述べている。また、患者の抱える経済的な問題からも週五回というのは難しく、週一から二回へと制限されたのだという。[83]

しかし、古澤は晩年には、前田重治におこなったように、再び毎日分析を積極的に実践しようと試みていた。[173] 前田は一年間の内地留学という形で東京に滞在していた。時間的にも経済的にも患者が毎日分析に耐えることができるというのは、精神分析をおこなう上で重要なファクターなのであろう。

通信分析

古澤は治療者自身が精神分析を受けること、すなわち訓練分析を受けることを再三にわたって訴えた。「教育分析の経験無くして分析治療に携わることは、事実上全く不可能である」[173]と断言していたのである。しかしその一方で、実際には精神分析に携わる医師が非常に少なく、「治療及び訓練の目的で多くの人々が精神分析を受ける要望は近来とみに高まってきたが、我国の現下の情勢ではこれは不可能」であり、そこで考案されたのが通信分析であった。そのような通信による精神療法は、精神分析に限っておこなわれたものではなかった。例えば、森田正馬もまた「通信治療」をおこない「涜《とく》神恐怖及赤面恐怖患者、通信治療の例」（一九二六）[174]として報告している。日本の精神療法においては、戦前から比較的馴染みのある方法だったと考えられる。また、通信分析という名称は古澤自身が付けたものではなかったというが[173]、古澤が最初に通信分析をおこなった症例は一九五〇年に発表されている。それは、再度、分析を受けたいと願うも、直接分析を受けることができない患者に対する文書による方法である。すなわち最初は、過去に精神分析を受けた患者に対する応用技法であった。古澤は「厳密な意味での従来の分析療法とは言えないがその変法だとは言えよう」と説明している。

その最初の報告された事例は、一九四三年六月十二日より週に三回、三ヶ月にわたって、三十九回のセッションを受けた男性患者である。主訴は、人が大勢いる中で感じる恐怖や初めて会う人への不安で、現代で言うところの対人恐怖である。患者は精神分析を受けた際に、古澤から通信分析について聞いていたらしい。四年経ってから再び、赤面癖、心悸亢進、恐怖、神経過敏といった同じ症状に苦しむようになり、通信分析を希望して古澤に手紙を送った。古澤はそれに対して、第一に再発の経過、第二に私と別れて再発までの経過、第三に左の質問に答えた答案の三項目を送るように指示している。第一と第二の違いが分かりにくいが、第一は再発した時の詳しい状況で、第二は前回の治療終結後から再発までの流れという意味ではないかと思われる。第三の質問とは以下の七つの問いからなるものである。

問一　きょうだいがありますか。
問二　お父さん、お母さんの名と年とを書いてください。
問三　神様（又は）仏教があると思いますか。
問四　>と一　……この二つの図形を見て最初に浮んだ「こと」（言葉でも絵でも）を書いて下さい。
問五　学課（中学以下の方は中学までの、それ以下はそこまでの）中で一番好きな学課、一番嫌いな学課を書いて下さい。数学が好きですか国語が好きですか。
問六　貴方はどんな性質だと思っていますか。
問七　夢を見たことがありますか。あったら今思い出せるものを一つ書いて下さい。

以上、二十分でやって下さい。

（昭和二十二年七月二十七日記）

古澤はのちに出版した著書『精神分析学理解のために』[173]の中では、通信分析のやり方として、一週に一回四十分ずつ自由連想をおこない、それを記述して分析医のもとに送り、これに対して分析医が解釈を返送すると解説している。実はその著書で紹介されている「分析治療の実例」には、先に挙げた通信分析症例のより詳細な記録が掲載されている。それを読むと、先に示した部分は、インテーク面接の代わりのようなものだったことが分かる。項目は、患者の現在の精神状態を調査し参考にするためで、問三については、宗教的観念の調査であると解説が加えられている。この著書のまえがきでは、本書がメニンガーの『人間の心』をはじめとする三部作の日本版を目指したものであり、「通信分析」の記録であることが記されている。三百頁以上に及ぶものであるが、古澤による精神分析についての解説は三十頁にも満たない。つまりその九割が患者との通信分析の記録、それも古澤と患者双方の手紙の文面が原文のまま掲載されたものである。症例は二例ある。一例目は先述した症例で、第三信への返事において「いよいよ精神分析を始めます」と書かれている。第四信以降の患者の手紙を読む限り、日々の自由連想の記録という印象で、思いつくままに書いているようである。一方、古澤からの返信は精神分析理論を用いた解説で「美化作用」や「肛門期」「口愛サディズムの不満の責任転換」といった形で専門用語も多用され、かなりの長文のものである。それらを読むと知性化［防衛機制の一つで知的な説明や態度によって感情を避けること」されてしまうのではないかという危惧を持つが、相手の姿が見えないゆえだろうか。一例目も二例目も驚くほどに古澤への不安や不信といった陰性感情を手紙に書き綴っている。

一例目については、古澤からの促しで古澤と対面した後の第八信までが掲載されている。また第五信については、郵便事情で古澤が出したはずの返信が届かなかったという通信分析ならではのトラブルにも見舞われている。第八信では直接、古澤と会って分析への不信が少なくなり、全快への期待が湧いてきたことが述べられ、数ヶ月後に再び古澤と会えることを楽しみにしていることが綴られている。治療はその後、快方に向かって終結したようである。すなわちこれは成功事例であろう。しかし、著書で重点が置かれているのは、次に紹介する二例目の事例である。著書の七割以上が二例目の記録に割かれているのである。

被虐待性性格者の通信分析

「被虐待性性格者の連想」と名付けられたこの症例は、一例目と異なり、最初から通信分析をおこなったものである。方法にも違いが見られ、「分析歴」とともに「書信」を同封することになっている。「分析歴」とは、四十分の自由連想を書いた記録であり、そのほかに分析医に向かって何か訴えたいこと、相談したいことや感想などを普通の手紙のようにまとめて書いたのが「書信」であった。

主訴については明確に述べられていないが、二十一歳の時に狂人のように見られる恐怖があったと書かれ、経過途中では、強迫性と恐怖、倒錯性が主な症状だと書かれている。患者はなかなか古澤の指示通りに「分析歴」を作成することができなかったようで、初めから古澤は患者に苦言を呈している。

七月二十八日付のお手紙を拝見して、神経症の人というのはいかに一方的な考えしかできないかと改めて考えさせられました。私は貴方に分析療法の方法を申し上げておいた。しかし貴方はこの方法を一度も守らない。われわれは一つの治療を施行するには一つの方法があって、その方法に当てはまらないものは一応除外するのです。貴方のような重症の方をこういう不完全な方法でやることは私としては初めから好まなかった。しかし何万という神経症患者の中のあなたひとりに、こういう不完全な方法であるにしてもこうやって面倒をみてあげるということは、あなたにとって非常にさいわいなことです。たまたま私が非常に熱意があったからここまでやってきたのです。あなたが本当に私の行為を受けたいのなら、私のやったものを初めから読んで私の方法で直しなさい。

驚くほど辛辣である。「被虐待性性格者」の患者に対して、古澤の方は加虐的となり、すっかり巻き込まれてしまったようである。患者の返信はこうである。

お手紙を戴きました。拝読後、しばし、やがて私の口をため息と共にもれたつぶやきは、「叱られちゃった」と云うのです。見えぬ力で真向から打ちすえられた様で、丁度昨年十二月二十日附のを頂いた時の様に頭が冷たくしいんと感じぜ《〔ママ〕》られて、しびれた様な状態になりました。（中略）是非先生に申し上げたいことが一つあります。それは先生は、――或いは私に事情を説明する為故意にこの様に表現され、又私の仕方のしからしめたところかもしれませんが――「せめて慰めになれば位で」云々と書かれています。これは私の最も恐れ心外なるところです。――先生がこうおっしゃったのを見れば、私が先生のお手紙を仕方なしのおざなりの様に思われて心細い気がすると申し上げたのも故無しとは言い切れぬのではないかと思います。「等しく」御好意を下さいますのなら、絶対になおしてやるという強い熱意と確信とを賜りたいと念願し、ここに改めて御願い申し上げます。

確かに被虐的な患者である。多くの文末に「何時も専らの汚い文字、申訳ありません」と書き添えられ、終始、作成した分析歴が不完全で失敗ではないかと心配している。そのように自己卑下する一方で、古澤への不満も多い。例えば、「先生は分析者という立場を捨て何かに逃れ、責任を転化《〔ママ〕》しようとしておられるようにも感じられる」や「私に何とかして強力な転位《〔ママ〕》を起こさせようとする」と不安を訴えられている。古澤はそれらに対して必死に解説することで対処しようとしているが、当然ながらそれはうまくいかなかったようである。

あなたは分析されればされるほど私に対して競争心が起こり、分析されるたびに性器期から肛門期に逆転して、そのとき分離する攻撃性があなたの自我の中でまた競争心になる、といったような回り方をしているのです。（中略）十六、七、八回の私の解釈でもよく続けて読んでください。そして精神分析入門─下巻の人間の性生活のところを読めばあなたがどんなに健康になったか、あなたは私に勝とうとし、そのためわざわざ病気になっているもので、私を負かそうとしているにすぎないことが理解でき、今の反応がいかにばかばかしいものであるかがわかるでしょう。

一方患者は全く改善されないことを訴え、見通しを教えて欲しいと再三訴えている。そして二十回目は、四十日間の中断を経たものとなる。そこには過去の古澤の手紙を破ったこととともに「通信分析なるものが果たして役に立つのかどうか――百貨店の「通信販売」並みにでも価値があるのかどうか」と憤りが綴られている。が、興味深いのは、その手紙の最後に古澤からの手紙がきた夢を見ていたことが報告されているところである。その夢の中で、古澤からの手紙に書かれていた解釈は「先生のオジョウサンと結婚させる」であったという。つまり、治療者古澤の娘と結婚する夢を患者は見たのである。そこからは、かなりの転移的な状況が起きていたのではないかと推測されるが、追伸でさらに明らかになるのは、その前に古澤から、本に患者との通信分析の手紙を掲載していいかどうかの打診があったことである。患者は「失敗の実例として引用されるなら知らずそうでなく中途で発表するには何か見通しでもついているのですか」と不安と怒りを表している。

また、患者は料金を滞納していたようで、患者が二回分を送金した際にまだそれに三倍する分が残っていることが書かれているが、古澤の反応は「心配無用、私は一日に一時間くらい人のために時間をさいたとて何にも損じません。いわんやあなたの分析は私にとってこの上なく興味があり、失礼な言い方をすれば勉強になる」というものであった。

患者の分析歴は、徐々に最初の思いつくままに書いているというところから、精神分析の用語を用いた説明的なものへと変わっていく。良く捉えれば、古澤の精神分析的解説を取り入れて考えることができるようになったとも言えるだろうが、古澤の期待に応えているという印象も拭えない。古澤も「至れり尽くせりのあなたの考え方に敬意を表さずにはいられないとともに、フロイドの学説の正しいことに今更ながら感心しています」と返している。そして最後の方では、古澤のものか、患者のものか、区別がつかない分析歴も登場する。しかし、その通信分析は三十七回をもって中断とも言える状況で終了する。古澤からの手紙が掲載されていないため詳細は分からないが、どうやら古澤が患者に職を斡旋したようである。そのことについて患者はひどく動揺している。「この親切な手紙について何と返事したらよいのかわからない（中略）――不安――喜び――そのどちらでもないが興奮である――不安な興奮状態」患者は古澤に尋ねている。「私にはあらゆる事が疑わしくすべてが不安なのです。私はよくその責に耐えうるでしょうか？　この事を私はどう受け取り、どう考えたらよいのですか？　分析との関係はどうなるのですか？」当然の疑問であろう。古澤の行動化であるが、古澤の理解としては「患者は非常に快方に向かったにもかかわらず、主観的感情としては相変わらずの苦痛を訴えている」と考えていた。そしてこれを「生身の人間的接触」が欠けている通信分析の限界とみなし、ちょうどその頃に設立された日吉病院に入院をすすめ、患者は八ヶ月の入院をおこなうこととなった。そこでは精神分析治療はおこなわれず、入院中の生活を通じて「より多く「現実」に接触する事を試みられた。患者は入院生活の中でも他人への要求水準が高く、不満の訴えが続いたようであるが、それらを禁止されることなく発散していく中で、手に職をつけたいと思うようになり、職と住所を決めて入院生活を終えた」のであった。

入院前の手紙には、古澤が「解釈という作業を放棄した」と患者は訴えている。古澤から忙しいとも言われたようである。確かにこの頃、古澤は忙しかった。日本精神分析学会を創設する時期と重なっており、患者も三十五回の手紙の中でお祝いの言葉を述べている。古澤が患者に斡旋した職についてであるが、「十五日開院」や「精神衛生の分野で働ける」という断片からは、古澤が患者に新設される精神科病院での職を紹介していたのではないかと思えるところがある。もっと邪推するならば、結果的に患者が職を断った後に、入院することとなった日吉病院で雇うことを古澤は画策していたのではないか。実は、古澤には学会設立とともに精神分析の精神病院を設立するという夢があった。この古澤の夢に賛同して協力を申し出たのが、日吉病院の院長となる熊田正晴であった。日吉病院の開設と、仕事を斡旋したと思われる一連の時期はぴったりと重なるものである。ただ、古澤がそのような行動に至った患者理解については同意できるところもある。明確に述べられてはいないが、古澤は患者の問題を社会と対峙することを避け、病気に逃げ込んでいるとみなしていたようである。現代的に理解するなら、治療である古澤との通信分析こそが患者の心的退避[125]に使われていたということであろう。患者もそうした古澤の考えについては、一定の理解を寄せていたようである。

彼らの判断に従うならば、今私のエネルギーは己から他に、病気から「日吉」に、展開されるべきであり、当然病気を媒介として生じた分析者に対する特殊な関心と関係もかいしょうされてゆかねばならぬ、ということになろうから、この様な観方からすれば私はいたずらに己と病気と分析者に執着しているということにでもなるのかもしれない。

職を得て退院し、精神分析からも離れられたというのは、結果的には患者にとって良かったのだろう。通信分析を続けていたら、患者は社会には出られなかったかもしれない。しかし、この症例は通信分析の「いろいろな操作が研究考案され、実際の分析に比べて劣らない効果があげられるようになった」ことを証明するために示されたものであったはずだが、皮肉なことに通信分析の限界をさらすものとなったように思われる。

古澤の精神分析の特徴

古澤が治療のベースとしたのは、ライヒの性格分析、フェレンツィの積極技法、アンナ・フロイトの児童分析、メラニー・クラインの直接解釈法及びローゼンの直接分析、フェダーンの分裂病精神療法、アレキサンダーの修正感情体験及び技法の修正及び簡便法であったと言われている。[175] しかし、古澤の精神分析を考える際に決まって取り上げられるのは、そこにある仏教の影響である。日本の精神療法の歴史を考える上では、仏教との関係を無視することはできない。森田療法も、内観療法も、そして古澤の精神分析も仏教の教えを取り入れている。古澤は精神分析の考えを仏教の視点から読み直そうとしていた。中でも阿闍世コンプレックスはその代表たるものである。

元の論文は一九三三年に発表された「二種の罪意識」である。古澤の問題意識は、フロイトが宗教の生まれる起源を、父を殺そうとする感情が父の死によって和らげられ、そこで亡き父と和解しようとして生じる子供の罪悪感だと結論付けたところにある。古澤は子供の例を挙げる。皿を割った子供は罪悪の意識を感じるが、それを親が許した時に罪悪の意識の変化が生じて別の罪悪が生じる。古澤は最初のものが罪悪感であり、親の許しを受けて生じるのが懺悔心とみなした。後者を罪悪感のより高次のものとみなしたのである。さらに先のものは宗教的欲求であって宗教心理ではないと述べている。ここで注目すべきは、親、つまりは治療者側の問題を取り上げていることであろう。親が許すことによって、罪悪感が懺悔心へと変化するのである。これは、現代では転移の文脈で、例えばジョン・シュタイナーらによって自己愛の患者との間で生じるものとして論じられている問題に通じる視点である。それを古澤は仏教からヒントを得て、精神分析に取り入れたのである。古澤に分析を受けた永尾雄二郎（二〇一五）は、古澤から宝物であるとして、近角常観浄土真宗の学者の軸物で、親鸞の『教行信証』の一節が書かれたものを見せられたというエピソードを語っている。[176] また、古澤は「分析で行き詰まったから宗教、宗教で行き詰まったから分析というのではなくて、分析と宗教とが各々相まってこそ真の治療効果があがる」と話していたという。

古澤の弟子であった小此木は古澤のことを「仏教学派」や「仏教的精神分析」と呼んでいる。そして古澤のそのような態度について次のように述べる。

> 先生は精神分析を、単なる科学的治療とみなしてはいなかった、ともいえます。むしろ、それは献身的な治療者の自己犠牲によって、それまで相対の世界で言い争い傷つけ合っていた人間に、絶対の愛と生命の世界を伝える、慈悲の精神に基づく仏教的な「行」でありました。そして治療者自身の自己分析がすべての要をなしていたのであります。（中略）したがって一般医師が正当な報酬を期待して行う治療とは異なり、むしろ自らの禁欲的生活によって支えられた慈悲の精神分析をしようとする宗教的な人格がそこにあったのであります。[175]

古澤ほど患者からの報告が残されている日本の精神分析家は他に例をみない。よく知られているのは、前田による『原光景へ――私の精神分析入門』[177]や『自由連想法覚え書――古沢平作博士による精神分析』[178]である。これらは貴重な分析体験の記録である。そこで描かれているもので、特に興味深いのは、古澤の「とろかし」技法である。古澤は、患者のあらゆる葛藤は、母子の一体感の喪失にあると捉え、治療者は治療を通して、患者に母子の融合感を体験させることで、分離についての葛藤を解消させうるという考えを持っていた。すなわち患者が分析治療の中で治療者との融合感を体験することがひとつの目標であった。「とろかし」技法と言われるような、古澤の献身的な態度、もっと言えば一体感や融合感を目標とするような態度は古澤の精神分析の特徴とも言える。しかし、古澤の分析を受けた者たちの記録を読むと、古澤から受ける印象はそれだけではない。むしろ医局でつけられていた「ドン・キホーテ」というあだ名からうかがえるような、情熱的な激しさも目につくものである。慈悲や献身的な治療者の自己犠牲とは異なるエピソードもさまざまに残されている。

ひとつ例を挙げよう。イギリスに留学し、児童教育で有名なアレクサンダー・サザーランド・ニイルに師事して、『ニイル伝』や『叱らぬ教育の実践』を書いたことでも知られる霜田静志は、一九三九（昭和十四）年十月から一九四二（昭和十七）年七月まで週一回寝椅子による精神分析的精神療法を古澤から受けた。

私が自由を求め、叱らぬ生活と教育を主張するのは、結局は幼い時代に求めて得られなかった甘えの感情によるものだとする古沢先生の解釈は私も受け入れることができた。しかしそれは、この考え方に至った動機であったその根源にあるものは人間生まれながらにして決して悪なるものではない、生まれながらの性は善なるものであるとする信念に基づいている。それだからこそ自由に好きなようにさせておいて、叱ったり罰したりしなくても立派な善良な人間になり得るのだ、と私は主張した。

これに対して古沢先生は人間の本性は善悪対立の中にある。善と悪、愛と憎しみ、生と死との対立の中にあるのが人間の本当の姿だ、それゆえにフロイドは生の本能に対立して死の本能のあることを主張した。そこで善悪どちらに傾くかわからぬ弱い人間に対しては、正しく教え導くことこそ大切だ。それなのに自由にさせておけば叱らずともよくなる、などと唱えるのは自分の甘えたい感情の合理化にすぎない。分析学を学んでもそれを全面的に受け入れようとせず、自分に都合のいいところだけ取り入れて、うまいこと自分の説をつくりあげている、そんなのはまやかしものだ、そんなまやかしものは根底から突き崩してしまう、と先生は亢奮してくると大声を出して分析室いっぱいにガンガンとなり響くほどに言われるのだった。私は冷静に実例をあげて自説を確証しようとしたが、先生は一々頭からこれを否定した。

こういうやりとりが数回続いた。こうして叱らぬ教育を否定した先生は、私を叱ることによって降伏させようとしたが、こればかりは私もついに一歩もゆずらなかった。フロイドの死本能説についていけないのは、それが私の人生観、児童観と相反するものであったからである。

叱ることによって私のこの抵抗が処理できなかった古沢先生は、お前みたいな頑固なやつはパラノイアだ、お前みたいなやつの分析はもうできぬ、帰れと言われた。これが私の分析の最後であった。[156]

「叱らぬ教育の実践」で有名な教育者であった霜田静志に叱るという分かりやすい転移関係が生じていたようで、こういう場面こそ過ちを許す母親という治療者が登場しても良さそうだが、実際にはそうはいかなかったのであろう。

臨床とはそういうものである。患者との間でこうした強烈な転移関係に巻き込まれた際、頼りになるのは、同じ精神分析臨床をおこなう臨床家仲間の存在である。しかし、古澤はひとり東京で開業し、精神分析を続けていた。それは圧倒的な孤独な中でおこなわれていたことだったのかもしれない。

そうした中で古澤は独自の精神分析を作り上げていった。そこには次の世代から批判の目が向けられ、小此木や土居は特にその宗教的な部分を切り離して、日本の精神分析を立て直そうとし、より「科学的なもの」としての精神分析を目指そうとした。小此木はそうした自身の言動を振り返り、「古澤と私たちの戦いは、奇しくもかつて古澤が丸井教授に対して挑んだ闘いの攻守所を変えたくり返しだったのである」[179]と述べている。

三　日本精神分析学会の創設

戦後の精神分析への注目

一九三三（昭和八）年八月に古澤が東玉川に精神分析学診療所を開設してから十六年余り、古澤は不遇の時代を過ごす。その間、古澤はかなり質素な生活をしていたようである。古澤から教育分析を受けた武田専は初めて古澤の元を訪れた際、表札が中国人の名前になっていて驚いたという。それは生活が苦しく、表通りに面した家の半分を中国人に貸していたからで、そのために診療室は使えなくなり、内玄関脇の書斎を改造して、診療室兼応接間にしていた。[55] 終戦直後に古澤から分析を受け、その後も古澤から分析を学んでいた永尾は、田舎で得た芋を土産に持参したところ、古澤がそれを両手で頭上に捧げるようにして、大声で「お母さん！　永尾しゃんが、今お芋を持ってきてくれましたー」と、奥の居間に飛び込んでいったという微笑ましいエピソードを残している。[179]貧しかったのである。しかし貧しかったのは、もちろん古澤だけではない。皆が貧しい時代であった。けれども、ようやく戦争が終わり、人々が学問への関心を取り戻していた時代でもあった。終戦とともに精神分析にも、再び関心の目が向けられるようになったのである。古澤の元には次第に若い精神科医たちが集まるようになっていった。

しかし、なぜ一開業医にすぎなかった古澤の元に優秀な精神科医たちが集まってきたのだろうか。のちに『甘えの構造』で有名になる土居健郎は、まだ内科医だった頃に「東京医事新誌」に「精神身体医学の理解の為に」という連載を書いた折、精神身体医学の一つの大きな基礎が精神分析であると書いたところ、偶然、雑誌の編集発行人であった大島盛一氏が古澤と旧知の間柄で、古澤を紹介してくれたと書き記している。[181]また、武田は当時について次のように回想する。

　戦後の若い精神科医や臨床心理の人たちの眼にアメリカ流のダイナミックな視点、精神現象の基底にさまざまな心的な力が作用し合っているとする捉え方は、魅力あるものと映った。（中略）このような傾向に注目し精神分析に関心を向ける若い精神科医たちにとって、戦前から精神分析ひとすじに打ち込んできた古澤は、貴重な存在であった。古澤には知識的な蓄積にとどまらず臨床的な積み重ねがある。[56]

戦争の最中でも精神分析の灯火を消すことなく、古澤は東京でひとり臨床を続けていた。そのような人は他にいなかった。貴重だったのである。武田が小此木の紹介で古澤から精神分析を受けた頃、東京大学からは土居健郎、渡辺宏、慶応大学からは阿部正、高橋進、九州大学からは西園昌久、蔵内宏和、前田重治などが集まっていた。そして医師だけではなく心理学の分野からは北見芳雄、佐藤紀子が集った。いずれもその後の精神分析、臨床心理学を牽引していく人たちである。さらにそれぞれの教室の教授陣である懸田克躬、井村恒郎、三浦岱栄《たいえい》、桜井図南男《となお》、山村道雄らもまた古澤に協力した。大学を離れていた古澤にとってそれらはどれほど心強いものだったことだろう。

一九四九（昭和二十四）年六月二十九日、東大医学部脳研究室にて、脳科学懇話会が三ヶ月にわたって開催されることとなる。これは精神分析研究会発足の準備としておこなわれたもので、東大で開かれたのは、東大教授内村祐之の好意によるものであった。内容は、以下の通りである。[182]

昭和二十四年六月　分析技術（神経症治療の実際）　発表者：山村道雄
昭和二十四年七月　アメリカにおける精神分析学の現況　発表者：懸田克躬、井村恒郎
昭和二十四年八月　懇談会

翌月の九月二十四日に、第一回精神分析研究会例会が国府台《こうのだい》国立病院において開催された。そして

それ以降、例会は日本精神分析学会設立まで月に一回の頻度で開催された。けれども古澤が大学に所属していなかったせいもあったのだろう。開催場所を巡ってはずいぶんと苦労があったようである。国府台国立病院の他に、東京医科大学法医学教室、東大法文経教室を転々とし、最終的に三浦岱栄らの協力で慶応大学に落ち着いた。そして一九五〇年、古澤の監訳の元、草野栄三良《えいざぶろう》と小此木啓吾の訳で、カール・メニンガーの『人間の心』『己れに背くもの』『愛憎』の三部作の翻訳出版がおこなわれる。さらに一九五二年から『フロイド選集』の出版が開始された。そして一九五二年十月には、機関誌としての「精神分析研究会会報」が創刊されたのである。

古澤は、この精神分析研究会は「専門家、応用家、活用家」という「三頭立」の集まりであり、「三方面の方々への満足、これが吾々の中心問題であります」と述べる。そして「何といっても重点は、全会員の精神分析学の理解のために都合よく運営していくことだと思います。この方針を充足するためにケース・スタディーは欠くことのできない課題だと存じこれが一貫された流れをなしていきます」と説明している。つまりこの会は、専門家以外にも広く開かれた精神分析の研究会であった。参加者は続々と増え、結成から四年半が経過した一九五三年十二月の時点で、会員番号から推測すると、一六五人の会員がいたようである。それは、丸井の日本支部（仙台支部）をはるかに凌ぐものであった。そうした中、一九五四年一月から「精神分析研究会会報」は、「精神分析研究」という名に改めて発行されるようになり、いよいよ学会化に向けて動き出すこととなった。[55]

しかし、学会化への道のりは容易いものではなかった。武田によると、学会設立においては、一介の開業医がそのリーダーに納まることは難しく、戦略上、国際精神分析学会仙台支部長になることが重大なポイントであった。しかし、そこに立ちはだかったのが、仙台支部長であった丸井の存在だった。当初、古澤の日本精神分析学会設立への呼びかけに応じて賛成の返事をよこした丸井門下生は、たった一人であったという。丸井は反対だったということなのだろう。武田は、精神分析学会設立における最大の障害のひとつは、丸井の存在だったと記している。

その丸井が率いる仙台支部は、戦後に活動を再開していた。一九五〇年からは、国際精神分析学会日本支部学会も開催している。第一回、第二回は東北帝大医学部講堂で、第三回目の一九五二年十一月六日は、東京医科歯科大学の講堂にて開催されている。すなわち、古澤が日本精神分析学会を設立する前に、日本では丸井による精神分析の学術集会が三年の間、開催されていたということである。丸井が反対するのは当然のことかもしれない。一九五四年のＩＰＡに提出された仙台支部の名簿によると、名誉会員が十一名、正会員が十四名、準会員が十一名であったことが確認できる。もちろん古澤も仙台支部の会員であり、数少ない訓練分析家のひとりであった。

そもそも丸井と古澤の関係は複雑である。いや、少なくとも古澤にとって丸井との関係は大いに複雑であった。先述したように、古澤の留学は、丸井のおこなう精神分析に対する疑問に端を発したものだった。きっかけとなったのは、一九二七年の精神神経学会での赤面恐怖症の発表をおこなった際、森田正馬にこっぴどくやり込められたことである。この時、丸井が古澤をかばったとも言われているが、古澤自身は自分の精神分析の方法に欠陥があると感じたようである。そこで、必死にフロイトを読み、古澤は自由連想法を探し当てた。古澤は自由連想法こそが精神分析だと確信し主張したが、それは丸井には受け入れられなかった。やがて対立は激しくなり、古澤は意を決してフロイトの元へと留学した。[183] 自分の正しさを確かめるべく、すなわちそれは丸井が間違っていることを証明すべく、フロイトの元へと旅立ったのである。ところが、その留学から帰国する際のエピソードは、古澤の丸井に対する葛藤的な感情がよく表れている。古澤が帰国の挨拶にフロイトの元を訪れた時、フロイトは古澤に『続精神分析入門』を贈ろうとした。しかし、古澤はそれを恩師の丸井にあげてほしいと答え、フロイトは喜んで本に署名をし、古澤に手渡した。翌日、古澤がエドゥアルト・ヒッチマン（Eduard Hitschmann）に会った際、ヒッチマンから、フロイトが古澤のその行為を褒めていたと聞いて、古澤は思わずうれし涙を流したという。[157]

古澤は、帰国して三年後の一九三六年、三十九歳の時に丸井研究室の十五周年記念の会報には次のような文章を寄稿している。

（中略）私の治療熱の高まると共に私の教室に於ける駄々児振りも増してきた。それから――それから私の駄々児振りはお恥かしくつて書けない――先生にも先輩諸兄にも同輩諸君にも後輩諸君にもこの機会に心からお詫びやら御礼を申上げねばならない。よく私の様なものを面倒見て下さった。[94]

これほどの葛藤を抱えながら丸井を頂点とするコミュニティに留まり続けることは難しかったのか

もしれない。

　そうした中、事態が急変する。丸井が急逝したのである。丸井の死は本当に突然のことだったようで、山村は「訃報はあまりに突然だったので、多くの人が驚かれたほど平素の先生は全く頑健で、二十余年の間先生から直接指導を受けた私が知っている限りの大病といえば、ただ一回の口内炎くらいのものでしたろう」[183]と述べている。また、小此木が知る限り、古澤は二度心因性の抑鬱状態となり、病臥したことがあった。一度目は息子が東大受験に失敗した時で、二度目は丸井教授が逝去した時だった。丸井が逝去した後、床に臥せった古澤は、傍に座る小此木に丸井教室を去った際の、「学問上のこと以上の」「もっと生々しい種々の人間的な経緯」を話したが、その時の古澤は「いかにも女性的な、力なく、弱々しい母のよう」だったという[174]。

　丸井は享年六十七であった。丸井の死を受けて、仙台支部の会長選がおこなわれた。結果、古澤は仙台支部の会長となった。この時、どのような思惑が仙台支部の評議員の間で働いたのかは分からない。しかし、訓練分析家は古澤と山村の二人しかおらず、何より仙台支部のメンバーの中で古澤ほど精神分析に人生をかけていた者は、他にいなかったことは間違いないことだろう。

　このように丸井の死という思わぬ形によって、古澤は日本精神分析学会の設立へ向けて歩みを進めることができた。そのせいだろうか。開催された第一回精神分析学会では、開会の辞から丸井への追悼が言及される。さらに古澤は会長挨拶において「先ず丸井先生のご苦心を偲ぶと云うことであって、盛岡の岩手医科大学の三浦信之教授に「丸井先生を偲ぶ」と云うお話をしてもらうことに決心しました」と丸井の追悼講演を学会のプログラムとして企画したことを述べている。そして古澤が座長をつとめる中で、丸井研究室の後輩にあたる三浦信之の特別講演がおこなわれたのである。そのタイトルは「日本の精神分析の父　丸井清泰教授を偲ぶ」であった。

つまり、第一回精神分析学会は古澤の悲願達成の祝宴であり、かつ丸井の追悼セレモニーでもあった。この「父」への両価的な感情は、精神分析ではよく知られているものである。フロイトはこれを「父親コンプレックス」と呼び、「決して消滅することのない息子の罪業意識と息子の反抗」と書いた。フロイトが『トーテムとタブー』で描いたように、いつの時代も父親殺しの後で彼らが手にするのは、新たなルールを持った共同体である。こうして丸井から古澤へと日本の精神分析は引き継がれ、新たな精神分析の集団が日本に誕生することとなったのである。

古澤は一九五五年一月の「精神分析研究」において次のように宣言する。

本会（精神分析研究会）の動向ですが、私がかねがね念願いたしていましたように日本の精神分析界もアメリカのそれのように日本精神分析学会が中心になってこれがまた国際学会の支部を兼ねる仕組みにしたいと存じまして先ず仙台グループの方々に本会に入会していただくことにしました。（中略）私は近い将来に仙台グループを発展的解消してここに多年の要望であった日本の分析界の大同団結をしたいと存じます。[184]

ここで驚くのは、古澤は当初、仙台支部の会員を精神分析研究会に入会させて、仙台支部を「発展的解消」しようとしていたことである。

続いて五月には、日本精神分析学会設立趣意書が配布された。それは以下のようなものであった。[185]

一九五三年八月十九日、国際精神分析学会仙台支部長、故丸井清泰教授が胃癌の手術途上に於て急逝され、吾々同門の者達は以来一年、次期会長の人選に努力し、一九五四年七月古澤平作博士に決定いたしました。終戦以来本邦に台頭してきた精神分析に対する興味の育成に努力してこられた博士は、爾来各方面の意見を聴かれ、ここに日本精神分析学会設立の運びに至りました。精神分析学は一疾患の観察治療から生れたものでありますが、今やいやしくも人類の生命活動で有る限りこの学問に影響されないものはなく、あたかも生命に於ける水の如く必須のものとなりました。

今日医者のみがこの学問を吾が物顔にすることは僭越であると同時に、如何に分析学の領域が拡大してもその中心は患者の治療にあると言っても過言ではないようです。ここに吾々が精神分析学会の設立を提案する所以であり、西欧に起こりアメリカに拡大した学会発展の経路を吾々もまた踏襲したいと思ものであります。吾々は今回別紙の会則により広く会員を募ることに致しました。吾々と志を同じくされる方々の御参加を願う次第です。加入御希望の方は別紙の入会申込書を、六月三十日までに御返送下さい。

一九五五年五月三十日

仙台支部長　精神分析研究会理事長　古沢平作
仙台支部評議員　黒川利雄　土井正徳　懸田克躬　山村道雄
精神分析研究会理事　霜田静志　井村恒郎　三浦岱栄

このように結果的には、仙台支部を解消することにはならなかった。仙台支部の会員を研究会に入会させて、学会化するのではなく、仙台支部と精神分析研究会の両者が学会の世話役を受け持つという形におさまった。そして、日本精神分析学会が設立された折には、「色々の整備の都合上」両会員ともに形式上、改めて入会の手続きをふむことになった。そのため、日本精神分析学会々則には、会員が以下の種類に分類された。

A会員：国際学会費（年額三千円也）と本会の年会費とを収める会員（国際会員）
B会員：本会の年会費
C会員：研究会、講習会、講演会などがある都度その会費を納める会員（臨時会員）
名誉会員：会長が役員会に諮って推挙する会員

すなわち、自分の作った精神分析研究会に仙台支部を吸収するのではなく、仙台支部と精神分析研究会を統合する形で、新たな組織としての日本精神分析学会を作る道を古澤は選んだのである。そし

図22　第１回日本精神分析学会総会（日本精神分析学会50周年記念展示会資料より）

てついに一九五五年十月二十三日、慶応義塾大学医学部北里講堂にて第一回日本精神分析学会が開催された。その時、会員数は二七一名であった。それは、日本の精神分析の歴史の新たな幕開けであった（図22・23）。

日本の精神分析の次の時代へ

いつからか精神分析は共同体、つまりコミュニティを形成するようになった。それは同じ理念を継承し、発展させていくために必要不可欠な仕組みである。家父長的な強い結びつきを持った共同体は、父親への反発や恩義、批判、尊敬、憎しみ、罪悪感をモチベーションに日本の精神分析の共同体を発展させ、維持させてきた。これがこれまで日本の精神分析の共同体を形成し維持するためのひとつの重要なモデルであったことは間違いない。しかし現代は家父長的な

図23　日本精神分析学会総会時の古澤平作（日本精神分析学会50周年記念展示会資料より）

関係性が必ずしも人を結びつけ、束ねるものにはならなくなった。現代はまた新たな形での共同体、精神分析コミュニティにおける結びつきが求められていると言える。日本の精神分析はこれからどのような形でそのつながりを作り、共同体を発展させていくのだろうか。

日本精神分析学会を創設した時、古澤は五十八歳であった。そしてその三年後に先述した『精神分析学研究のために』という著書を出版する。単著としては初めてのものであった。しかしそのわずか数ヶ月後、古澤は分析中に脳梗塞で倒れた。そこから病気療養に入り、十年後の一九六八（昭和四十三）年十月五日に他界した。享年七十一であった。こうしてみると、古澤が日の目を見た時期は非常に短い。精神分析学会の樹立はようやく摑んだ光であった。先に示した古澤が帰国後に丸井研究室の十五周年記念に寄せた文章は、次のような言葉で締め括られている。

今日では先生始め皆様のお陰でようやく学問の味も知り人生の味も知って分析によって生かされ分析のために死ぬこともできるようになりました。[94]

「分析によって生かされ分析のために死ぬこともできるようになりました」――その言葉通りに古澤はその人生を生きた。そうして彼が育てた分析家たちが、日本の精神分析の次の時代を築いていくことになるのである。

あとがき

馴染んだ土地を離れて京都に移り住むことになった。大学の仕事も辞め、左京区の白亜荘に小さな部屋を借りて開業した。五年前のことだ。白亜荘は、大正時代に教会の女性信者のために建てられたという古い洋館で、さまざまなものが当時のまま残されていた。隣は美術家のアトリエで、斜め向かいは復刻出版をおこなう小さな出版社だった。お金はなかったが、時間は有り余るほどあった。古本屋をめぐり、京都のはずれにある国立国会図書館にこもった。本書は、そうした時間の中で書いたものである。あれから、オフィスの場所を移り、子どもが生まれ、大学に戻ることになって、生活もすっかり変わってしまった。しかし今でも、目当ての古本を買うか昼食を買うかで、真剣に悩んでいたことを懐かしく思い出すことがある。あれもまた幸せな時間であった。

歴史を知ることに意味はあるのかという問いは、しばしば耳にするものである。臨床家からも、そして患者からも、「過去を知ることに意味はあるのか」と尋ねられることがある。私にその意味を教えてくれたのは、間違いなく私の分析家であった。漠然と関心のあったこの研究を本格的に始めたのは、分析が終わる数ヶ月前のことで、それが分析の終了と無関係だったとは思えない。精神分析から私は多くの事を学んだが、丁寧にそして深く過去と関わる態度もそのひとつであった。したがって、本書は精神分析からの学びを記した備忘録でもある。

しかしながら、私にとって歴史研究は専門外のものであり、本書に記した内容について至らぬ点は多々あることと思う。読者諸賢のご批判を仰ぎたい。本書で示した通り、日本の精神分析は先人たちによって創られ、現在まで続いてきた。彼らのおかげで、現代の私たちは精神分析と出会い、その深い知に触れることができている。研究を通して知れば知るほど、彼らへの尊敬の念は増すばかりだった。彼らの圧倒的な熱意の痕跡を辿り、それを遺すことが、本書の目的であった。そうした目的に少しでも近づくことができていれば幸いである。

なお、本書は多くの方の支えや励ましによって執筆が可能となったものである。かなり早い段階からこの研究を応援してくださったのは、前田重治先生だった。拙稿を送らせていただき、先生からの返信のお葉書が届くのをいつも楽しみにしていた。西園昌久先生からも数々のご助言をいただいた。日本の精神分析を創ってきた先生方に励ましていただいたことは心強いことであった。心から御礼申し上げたい。

また、本書は北山修先生のご著書『フロイトと日本人——往復書簡と精神分析への抵抗』(二〇一一)を多くの拠り所としている。大学時代も、そして卒業してから現在に至るまで、先生にはさまざまな形でお世話になってきた。改めて感謝の気持ちをお伝えしたい。さらに松木邦裕先生にも機会があるごとに、この研究についての励ましの言葉をかけていただいた。その温かさには今でも助けられている。そのうえ、日本精神分析協会の学術集会では、二度にわたって研究発表の機会をいただいた。北山先生や松木先生をはじめ、尊敬する精神分析家の先生方に意見をいただくことができたのは、何より有難いことであった。

さらに本書で示した研究の一部は、日本精神分析学会の学会誌「精神分析研究」に掲載され、学会奨励賞である山村賞を賜る機会を得た。大変光栄なことで、研究を続ける上で支えになったことは言うまでもない。

また、出産後の私を支えてくださったのは、国立国会図書館の複写サービスの方々である。せっせと通いつめていた私に代わって、膨大な量の資料を複写してくださった担当の方々に、届くかは分からないが、誰よりも御礼を伝えたい。一方、研究者の身分ではなくなった私に研究費を与えてくださったのは「精神分析武田こころの健康財団」であった。研究費のおかげで、昼食費を削る生活から解放されました。私はとかく忘れがちであるが、お腹を満たすことも大事なことである。

そして、出版を引き受け、執筆を励ましてくださったみすず書房の小川純子さんには重ねて御礼をお伝えしたい。大変お世話になりました。

最後に、心身ともに支え続けてくれた大切な家族へ。感謝よりも迷惑をかけてきた申し訳なさでいっぱいですが、本当に有難うございました。

二〇一九年二月五日

西見奈子

〈草創期の日本の精神分析の年譜〉

西暦	和暦	日本の精神分析（人名）	フロイトとその周辺［日本や世界における主な出来事］
1874	明治7	矢部八重吉誕生	
1875	8		
1876	9		
1877	10		［西南戦争］
1881	14	中村古峡誕生	
1885	18		パリ留学、シャルコーのもとで学ぶ
1886	19	丸井清泰誕生	
1890	23	渡米（矢部）	
1891	24	大槻憲二誕生	『失語症について』
1895	28		ブロイアーとともに『ヒステリー研究』発表
1897	30	古澤平作誕生	
1900	33		『夢判断』

1901	34	カリフォルニア大学を卒業後、エール大学に入学（矢部）	『日常生活の精神病理学に向けて』
1902	35	エール大学を退学（矢部） 「男子の性欲抑制」の中でフロイトを紹介（挟書生／森鷗外）	
1904	37		[日露戦争]
1905	38	日本に帰国（矢部）	『機知―その無意識との関係』 『性理論のための三篇』 「あるヒステリー分析の断片「ドーラ」」
1907	40		『W・イェンゼン著『グラディーヴァ』における妄想と夢』
1908	41		
1909	42	クラーク大学におけるフロイトの講演を神田左京と蠣瀬彦蔵が聴講	クラーク大学にて講演 「ある五歳男児の恐怖症の分析「ハンス」」 「強迫神経症の一例についての見解「鼠男」」
1910	43		国際精神分析協会創設 『精神分析について』 『レオナルド・ダ・ヴィンチの幼年期の想い出』
1911	44		「自伝的に記述されたパラノイアの一症例に関する精神分析的考察「シュレーバー」」
1912	明治45 大正元年		雑誌「イマーゴ」創刊
1913	2	東京帝国大学医学部を卒業（丸井） 『性欲と精神分析学』（榊保三郎）	『トーテムとタブー』
1914	3		ユングが協会を脱退 『ナルシシズム入門』 [第一次世界大戦始まる]

1915	4	ジョンズ・ホプキンズ大学のアドルフ・マイヤーの元に留学（丸井）	『精神分析入門講義』（―一九一七）
1916	5	早稲田大学の本科（英文科）に入学（大槻）	
1917	6	日本精神医学会設立。機関誌「変態心理」を出版。暗示療法をおこなう臨床家として自宅で開業（古峡） 『精神分析法』（久保良英）	『悲哀とメランコリー』
1918	7	「二重人格の少年」の第一期を発表（古峡）	「ある幼児期神経症の病歴より「狼男」」 〔第一次世界大戦終わる〕
1919	8	少なくともこの頃には鉄道省に就職（矢部） 「二重人格の少年」の第二期発表（古峡）	
1920	9	「変態心理」誌における「精神分析法解説」の連載開始（古峡）	『快原理の彼岸』
1921	10	「ヒステリー症の精神療法」（丸井）	『集団心理学と自我分析』
1922	11		
1923	12		『自我とエス』 〔関東大震災〕
1924	13	「神経衰弱とヒステリー」（丸井）	
1925	14	『小児期精神ノ衛生ト精神分析学』（丸井）	〔治安維持法制定〕
1926	大正15年 昭和元年	フロイド『精神分析入門』上巻（安田徳太郎訳、アルス） 十月で「変態心理」終刊。東京医学専門学校に入学（古峡）	『制止、症状、不安』 『素人分析の問題』 クラインがイギリスに移住
1927	2	『鉄道能率学』（矢部） 神経学会にて「赤面恐怖症の精神分析例」（古澤）	『ある錯覚の未来』 『児童分析入門』（アンナ・フロイト）
1928	3	大槻、矢部、長谷川天渓の三人で東京精神分析学研究会を立ち上げる（大槻・矢部）	〔三・一五事件〕

1929	4	東京精神分析学研究所を設立（大槻・矢部）『フロイド精神分析学全集』の出版開始（大槻・矢部他訳、春陽堂）	フェレンツィ離反 ［世界恐慌］
1930	5	三月二日にベルリンに到着。翌日にアイティンゴンと会食。三月十日にロンドンに到着。グラヴァーから訓練分析とジョーンズから講義を受ける。五月七日にフロイトと面会し、翌日に精神分析家の資格証明書を受け取る。五月二十三日に東京に到着。 国際精神分析学会日本支部創設（矢部）	ゲーテ文学賞を受賞 母アマリエ死去 『文化の中の居心地悪さ』
1931	6	「矢部八重吉氏に精神分析学を訊く」座談会を開催『精神分析の理論と応用』（矢部）	［満州事変］
1932	7	渡欧し、ステルバから訓練分析を受け、フェダーンからスーパービジョンを受ける（古澤） 『精神分析の理論と応用』（「分析の一例」）（矢部） 東北帝大医学部精神病学教室業報創刊（丸井・古澤）	『続精神分析入門』
1933	8	「精神分析」創刊（大槻） 渡欧し、フロイト、アンナ・フロイトらと面会。仙台支部を創設の承諾を得る（丸井） 精神分析学診療所を開設。「罪悪意識の二種」を発表（古澤）	『続・精神分析入門講義』 フェレンツィ死去 ［日本が国際連盟脱退］
1934	9	仙台支部を創設（丸井）「赤面恐怖症、強迫性症状を合併せる一ヒステリー患者の精神分析」（丸井） 「睡眠恐怖症の分析」（矢部）	ランクが離反
1935	10	「精神分析療法の実際」（杉田直樹）	
1936	11	『精神病学』（丸井）	［二・二六事件］
1938	13	精神分析学会懇話会（大槻・丸井・古澤）	［ナチスがオーストリアに侵入］ アンナ・フロイトとともにロンドンに亡命

1939	14		『モーセという男と一神教』 ［第二次世界大戦始まる］ 九月二十三日八十三歳で死去
1940	15		『精神分析概説』
1941	16	「人心の機微とその把握」「An Interpretation of Japanese Spirit」の連載開始（矢部）	［太平洋戦争始まる］
1945	20	矢部八重吉死去	［太平洋戦争終わる］
1949	24	六月二十九日から三ヶ月にわたって脳科学懇話会開催 九月二十四日に第一回精神分析研究会例会が開催（古澤）	
1950	25	第一回国際精神分析学会日本支部学会開催（丸井）	
1951	26	第二回国際精神分析学会日本支部学会開催（丸井）	
1952	27	第三回国際精神分析学会日本支部学会開催（丸井） 中村古峡死去	
1953	28	丸井清泰死去	
1955	30	十月二十三日、第一回日本精神分析学会開催（古澤）	

〈草創期の日本の精神分析の系譜〉

1870

矢部八重吉(1874-1945)

鉄道省の同僚となり、ともに東京精神分析研究所を設立

1880

中村古峡(1881-1952)

丸井清泰(1886-1953)

師弟関係

1890

大槻憲二(1891-1977)

古澤平作(1897-1968)

1900

人名索引

ア行

カ行

サ行

タ行

ナ行

ヤ行

ラ行

ワ行

参照文献

はじめに

1　丸井清泰（1936）『精神病学』金原商店、東京

2　権成鉉（2017）「アムステルダム・ショック（クライシス）とは何だったのか——「コレクティブ転移」と「倒錯」の果に」、「日本精神分析協会候補生の会ニューズレター 2016」16-23

3　北山修（2011）『フロイトと日本人——往復書簡と精神分析への抵抗』岩崎学術出版社

4　藤山直樹（2015）「会長講演　週1回の精神分析的セラピー再考」、「精神分析研究」59(3)、261-268

第一章

5　妙木浩之・安斎順子（2005）「草創期における日本の精神分析」、「精神分析研究」48、69-84

6　前田重治（1988）『個人的分析——ある分析医の情景』誠信書房

7　石川雅章（1968）『松旭斎天勝』桃源社

8　初代松旭斎天勝（1991）『魔術の女王一代記——美貌の天才奇術師の芸談・奇談』かのう書房

9　秋山愛三郎（1919）『Sights of Old Capital』洋洲社

10　東京朝日新聞（1905）「米国柔術学校の真相」東京朝日新聞

11　矢部八重吉（1927）『鉄道能率学』現代鉄道叢書9巻、鉄道学会出版部

12　矢部八重吉（1925）「分布面に依る勤務密度の測定」、「業務研究資料」13(2)、125-133

13　矢部八重吉（1921）「両眼の間隔と距離判断力」、「業務研究資料」9(1)、31-39

14　佐藤達哉・溝口元編（1997）『通史　日本の心理学』北大路書房

15　矢部八重吉（1927）「精神分析から見た事業成功と夫婦合性の研究」事業と広告 4(6)、33-35

16　矢部八重吉（1927）「精神分析から見た夫婦合性の研究」事業と広告　5(1)、33-35

17　矢部八重吉（n.d.）「精神分析派の見地よりした産業従事員の待遇法（七）人格の鑑識」、「鐵道勞働彙報」號外第21號、1-21

18　矢部八重吉（n.d.）「精神分析派の見地よりした産業従事員の待遇法（九）感興 Interest の振興」、「鐵道勞働彙報」號外第23號、1-24

19　矢部八重吉（n.d.）「精神分析派の見地よりした産業従事員の待遇法（十）心

の働間の衝突 Mental conflict」、「鐵道勞働彙報」號外第24號、1-20
20　エンジニアー（1931）「矢部八重吉氏に精神分析學を訊く座談會」、「エンジニアー」10(12)、799-819
21　Gay, P. (1988) *Freud: A Life for Our Time*. J. M. Dent & Sons Ltd（鈴木晶訳〔2004〕『フロイト 2』みすず書房）
22　Otto Rank, O (1924) *Das Trauma der Geburt und seine Bedeutung für die Psychoanalyse.* Internationaler Psychoanalytischer Verlag（細澤仁・安立奈歩・大塚紳一郎訳〔2013〕『出生外傷』みすず書房）
23　Freud, A. (1927) *Introduction to the Technique of Child Analysis*. Ayer（岩村由美子・中沢たえ子訳〔1981〕『児童分析入門――児童分析家と教師のための講義：1922-1935』アンナフロイト著作集第1巻、岩崎学術出版社）
24　King, P. & Steiner, R. (1992) *The Freud-Klein Controversies 1941-45*, Routledge, London
25　矢部八重吉（1931）「フロイド先生会見記」、『フロイド精神分析学全集5　性欲論・禁制論』春陽堂、東京、1-19
26　福本修（2015）『精神分析の現場へ――フロイト・クライン・ビオンにおける対象と自己の経験』誠信書房
27　矢部八重吉（1933）「グラヴァー氏の個人的印象」、「精神分析」第1巻、第5号、76-77
28　矢部八重吉（1937）「精神分析に対し日本人の示す抵抗」、「精神分析」第5巻、4号、35-41
29　矢部八重吉（1939）『思春期の心理解剖』万里閣
30　Jones, E. (1930). "Letter from Ernest Jones to Sigmund Freud, April 5, 1930." *The Complete Correspondence of Sigmund Freud and Ernest Jones 1908-1939*, 669-670
31　Freud, S. (1920) "Beyond the Pleasure Principle." The Standard Edition, Volume XVIII (1920-1922): *Beyond the Pleasure Principle, Group Psychology and Other Works*, 1-64（対馬完治訳〔1930〕『快不快原則を超えて』フロイド精神分析学全集、春陽堂）
32　I生（1933）「矢部氏の分析寮」、「精神分析」第2巻、第1号、86-87
33　Freud, A. (1931) "Announcement by the Central Executive." *Bulletin of the International Psycho-Analytic Association, 12*, 121.
34　Freud, S. (1926). "The Question of Lay Analysis." The Standard Edition, Volume XX (1925-1926): *An Autobiographical Study, Inhibitions, Symptoms and Anxiety, The Question of Lay Analysis and Other Works*, 177-258（加藤敏責任編集〔2010〕『素人分析の問題』フロイト全集　第19巻、岩波書店）
35　矢部八重吉（1934）「睡眠恐怖症の分析」、「精神分析」第2巻、第5号、47-50
36　矢部八重吉（1932）『精神分析の理論と応用』早稲田大学出版部、東京
37　Freud, S. (1913) "Totem and Taboo" The Standard Edition, Volume XIII

(1913-1914): *Totem and Taboo and Other Works*, vii-162,（門脇健訳〔2009〕『トーテムとタブー』フロイト全集 12、岩波書店）
38 Yabe, Y. (1934) "Japan Report on Psycho-Analytic Activities in the Year 1933." *Bulletin of the International Psycho-Analytic Association, 15*, 377-379.
39 Bulletin of the International Psycho-Analytic Association (1935) "List of Members of the International Psycho-Analytical Association." *Bulletin of the International Psycho-Analytic Association, 16*, 518-534
40 Bulletin of the International Psycho-Analytic Association (1937) "Sendai Psycho-Analytical Society." *Bulletin of the International Psycho-Analytic Association, 18*, 500
41 Bulletin of the International Psycho-Analytic Association (1937) "Tokyo Psycho-Analytical Society." *Bulletin of the International Psycho-Analytic Association, 18*, 501
42 Bulletin of the International Psycho-Analytic Association (1939) "List of Members of the International Psycho-Analytical Association." *International Journal of Psycho-Analysis, 20*, 498-515
43 Bulletin of the International Psycho-Analytic Association (1940) "III. Changes of Memberships." *Bulletin of the International Psycho-Analytic Association, 21*, 499-504
44 Bulletin of the International Psycho-Analytic Association (1942): "VI. Changes of Memberships." *Bulletin of the International Psycho-Analytic Association, 23*, 190-192
45 Bibring, G. L. (1952) "103rd Bulletin of the International Psycho-Analytical Association : Report on the Seventeenth International Psycho-Analytical Congress." *Bulletin of the International Psycho-Analytic Association, 33*, 249-272
46 Tsushima, K. (1935) "Tokio Psycho-Analytical Society." *Bulletin of the International Psycho-Analytic Association, 16*, 261-262.
47 淺野守（1934）「謹しんで那須章彌君の死を悼むと共に深くエンジニアーの生活を想ふ」、「エンジニアー」13(4)、253-255.
48 Ermann, M. (1999) "Editorial: Psychoanalysis in Germany." *International Forum of Psychoanalysis, 8*, 57-58
49 大槻憲二（1941）「雑誌『精神分析』廃刊の辞」、「東京精神分析学研究所報」第 1 号、1-2
50 東京精神分析学研究所（1937）「研究所便り」、「精神分析」第 5 巻、第 6 号、107
51 矢部八重吉（1941）「人心の機微と其の把握（一）」、「海外之日本」15(11)、38-41.
52 矢部八重吉（1941）「An Interpretation of Japanese Spirit」、「海外之日本」15(10)、6-7
53 大槻憲二編（1961）『精神分析学辞典』育文社

第二章

54　三浦信之（1955）「日本の精神分析学の父丸井清泰教授を偲ぶ」、「精神分析研究」2(10)、1-5
55　武田専（1990）『精神分析と仏教』新潮社
56　山村道雄（1984）「日本の精神医学100年を築いた人々——第3部　第6回　丸井清泰」、「臨床精神医学」13(9)、1133-1137
57　XY生（1944）「時の人（丸井清泰博士）」、「日本医事新報」（1125）、16
58　Lamb, S.D. (2014) *Pathologist of the Mind: Adolf Meyer and the Origins of American Psychiatry*, Johns Hopkins University Press
59　安斎順子（2000）「日本への精神分析の導入と丸井清泰——ジョンズ・ホプキンズ大学医学部アーカイブ資料を中心に」、「心理学史・心理学論」2、1-16
60　中根允文（2007）『長崎医専　石田昇と精神病学』医学書院
61　野村章恒（1962）「Johns Hopkins Hospitalと斎藤玉男先生と丸井清泰先生」、「精神身体医学」2(2)、112
62　松下正明（1981）「日本の精神医学　100年を築いた人々　第2部　第4回　斉藤玉男—— Folia Psychiatrica et Neurologica Japonicaの創始者」、臨床精神医学10(6)、743-757
63　蠣瀬彦藏（1911）「米國に於ける最近心理學的題目の二三」、「哲学雑誌」26(291)、1-13
64　蠣瀬彦藏（1911）「クラーク大学ニ於ケル児童研究ノ外観」、「児童研究」15(5)、129-136
65　神田左京（1918）「ハムレットの無意識的復讐忌避」、「東亜の光」13(7)、18-22
66　小西正泰（1992）「神田左京外伝——ホタルと「心中」した異才」、「學鐙」89(7)、10-14
67　小西正泰（1993）「ホタルに魅せられた男　孤高の人・神田左京伝」、「Front」6(2)(62)、22-23
68　加藤淑子（1978）『斎藤茂吉と医学』みすず書房、東京
69　久保良英（1917）「叢談　フロイドと兒童」、「児童研究」20(11)、345-349
70　久保良英（1917）「叢談　フロイドと兒童（承前）」、「児童研究」20(12)、368-370
71　久保良英（1919）『精神分析法』心理学研究會出版部
72　岩波書店編（1931）『岩波講座教育科学』第9冊、岩波書店
73　丸井清泰（1921）「「ヒステリー」症の精神療法」、「実験医法」第六年第七十二号、952-954
74　北村晴朗（2004）「講義　精神分析学のわが国心理学界への導入——丸井清泰の功績」、「心理学史・心理学論」49-52
75　丸井清泰（1925）『小児期精神ノ衛生ト精神分析学』克誠堂書店
76　丸井清泰（1951）『精神分析学——その起源と発達』医学書院

77　大槻憲二（1957）「精神分析学界に神話は無用——故丸井教授の実態」、「精神分析」15(2)、26
78　杉田直樹（1935）「学説　精神分析療法の実際」、「日本医事新報」(683)、3-5
79　丸井清泰・久保喜代二・古澤平作（1940）「特別課題　精神分析に就て」、「日本医事新報」(926)
80　風祭元（2010）「太平洋戦争終結以前の朝鮮半島の精神医学」、「精神医学史研究」14(2)、105-115.
81　丸井清泰（1924）「神経衰弱とヒステリー」、「婦人衛生雑誌」第三百七十五号、1-8
82　丸井清泰（1934）「赤面恐怖症、强迫性症狀を合併せる一ヒステリー患者の精神分析」、「応用心理研究」主幹久保良英、1(3)、188-204。
83　小此木啓吾（1996）「総論　古沢平作の精神分析」、「精神科 Mook」増刊 2、23-35
84　丸井清泰（主幹）（1934）「東北帝大医学部精神病学教室業報（精神分析学論叢）」、Ⅲ巻、東北帝国大学医学部精神病学教室
85　古沢平作・山村道雄（1956）「総会議事録」、「精神分析研究」3(11・12)、3-4
86　丸井清泰（主幹）（1932）「東北帝大医学部精神病学教室業報（精神分析学論叢）」Ⅰ巻 1 号、東北帝国大学医学部精神病学教室
87　丸井清泰（主幹）（1932）「東北帝大医学部精神病学教室業報（精神分析学論叢）」Ⅰ巻 2 号、東北帝国大学医学部精神病学教室
88　丸井清泰（主幹）（1933）「東北帝大医学部精神病学教室業報（精神分析学論叢）」Ⅱ巻、東北帝国大学医学部精神病学教室
89　丸井清泰（主幹）（1935）「東北帝大医学部精神病学教室業報（精神分析学論叢）」Ⅳ巻、東北帝国大学医学部精神病学教室
90　丸井清泰（主幹）（1936）「東北帝大医学部精神病学教室業報（精神分析学論叢）」Ⅴ巻、東北帝国大学医学部精神病学教室
91　丸井清泰（主幹）（1937）「東北帝大医学部精神病学教室業報（精神分析学論叢）」Ⅵ巻、東北帝国大学医学部精神病学教室
92　丸井清泰（主幹）（1940）「東北帝大医学部精神病学教室業報（精神分析学論叢）」Ⅶ巻、東北帝国大学医学部精神病学教室
93　丸井清泰（主幹）（1942）「東北帝大医学部精神病学教室業報（精神分析学論叢）」Ⅷ巻、東北帝国大学医学部精神病学教室
94　丸井清泰（主幹）（1943）「東北帝大医学部精神病学教室業報（精神分析学論叢）」Ⅸ巻、東北帝国大学医学部精神病学教室
95　東北帝国大学医学部精神病学教室（1936）「丸井教授御開講拾五年記念謝恩会会報」東北帝国大学医学部精神病学教室同窓会
96　小泉博明（2008）「斎藤茂吉と長崎——長崎医学専門学校時代」、「日本大学大学院総合社会情報研究科紀要」No.9、425-436
97　丸井清泰（1920）「中樞神經炎。附、膠質細胞内一新顆粒（「ヌクレオプロテイド」樣顆粒）ニ就テ」、「神経学雑誌」19(1)、1

第三章

98　Geoffrey Blowers, G & Yang Hsueh Chi Serena (2001) "Ohtsuki Kenji and the Beginnings of Lay Analysis in Japan." *International Journal of Psycho-Analysis, 82* (1), 27-42

99　塚崎茂明編（1951）『大槻先生還暦記念帖』東京精神分析学研究所石川縣分室

100　曾根博義（2008）「「精神分析」創刊まで――大槻憲二の前半生」、『「精神分析」戦前編　解説・総目次・索引』5-20、不二出版

101　大槻憲二（1926）「文学に於ける階級意識の止揚を論ず」、「新潮」23(9)、86-95

102　林房雄（1926）「中間派の文学論」、「文芸戦線」3(10)、30-37

103　大槻憲二（1926）「マルクス派文学論の根本的問題」、「国民文芸会会報」(6)、1-4

104　大熊信行（1927）「経済学者の文学――文芸批評家の無知と無恥に就て」24(7)、88-93

105　東京精神分析学研究所三紀年記念行事の会（1961）『私は精神分析で救われた　大槻憲二先生治療業績記録』育文社

106　東京精神分析学研究所 編（1968）『続　私は精神分析で救われた　大槻憲二先生業績記録』育文社

107　大槻憲二（1961）「フロイド学説から生命学説へ」、「精神分析」19(12)、4-7

108　岩倉具栄（1980）『岩倉具栄とその時代』岩倉具栄とその時代刊行会

109　安田徳太郎（1976）『思い出す人びと』青土社

110　江戸川乱歩（1961）『探偵小説四十年』桃源社

111　櫻庭太一（2012）「雑誌『精神分析』における高橋鐵の活動」、「専修国文」(91)、179-267

112　松居松翁・松居桃太郎・竹中荘一・記者（1933）「祝祭劇記録」、「精神分析」第1巻、第2号

113　安斎順子（2000）「日本への精神分析の導入における大槻憲二の役割――雑誌「精神分析」とその協力者・矢部八重吉を中心に」、「明海大学教養論文集」第12巻、41-4

114　妙木浩之・安斎順子（2005）「草創期における日本の精神分析」、「精神分析研究」48、69-84

115　大山順道（1957）「三識と人格の三分説――マナ識とエスについて」、「精神分析研究」4(9/10)、3

116　大山順道（1959）「三識と人格の三分説（II）アラヤ識と上位自我」、「精神分析研究」6(3)、46-51

117　記者（1933）「探訪　古澤博士の診療所」、「精神分析」第1巻、第7号、112-113

118　大槻憲二（1957）「派閥は何故に神話を必要とするか」、「精神分析」15(4)、22

119　高橋鐵（1948）「公開状　狂った大槻憲二氏へ」、「人性美」7月号
120　大槻憲二（1997）「田中恭吉小伝」、『田中恭吉作品集』玲風書房、東京

第四章

121　曾根博義（2002）「異端の弟子　夏目漱石と中村古峡（上）」、「語文」116、26-39
122　曾根博義（2002）「異端の弟子　夏目漱石と中村古峡（下）」、「語文」116、52-61
123　曾根博義（2003）「異端の弟子　夏目漱石と中村古峡（補遺）」、「語文」116、67-80
124　曾根博義（2004）「中村古峡の履歴」、『新編　中原中也全集　別巻（下）資料・研究篇』角川書店
125　秋元波留夫編（1966）『日本精神医学全書 第1巻（総論）』金原出版
126　八木剛平・田辺英（2002）『日本精神病治療史』金原出版
127　小俣和一郎（2000）『精神病院の起源　近代篇』太田出版
128　呉秀三・樫田五郎（金川英雄訳・解説）（2012）『呉秀三・樫田五郎精神病者私宅監置の実況——現代語訳』医学書院
129　曾根博義（2001）「『殻』から『変態心理』へ——中村古峡の転身」、「文学」2(4)、87-94
130　安斎順子・小泉晋一・中谷陽二（2009）「日本近代における催眠療法の受容と解離の事例に関する一研究」、「心理学史・心理学論」10・11、11-28
131　一柳廣孝（1997）『催眠術の日本近代』青弓社
132　中村古峡（1936）『催眠術講義　増補版』日本精神医学会
133　中村古峡（1932）『精神衛生講話第二冊　ヒステリーの療法』主婦の友社
134　鈴木光司（1991）『リング』角川書店
135　福来友吉（1913）『透視と念写』東京宝文館
136　寺沢竜（2004）『透視も念写も事実である——福来友吉と千里眼事件』草思社
137　挾書生（1902）「性欲雑説」、「公衆医事」6(9)、70-75
138　佐々木政直（1903）「心理学に関する精神病理学」、「哲学雑誌」18(193)、33-46
139　日本神経学会事務所（1909）「歇斯的里ノ研究第三版／ブロイエル：フロイド」、「神経学雑誌」8(3)、125
140　石川貞吉（1910）『精神療法学』南江堂書店
141　榊保三郎（1919）『性欲研究と精神分析学』實業之日本社
142　榊保三郎（1913）「精神分析學」、「東亜の光」8(11)、11-16
143　諸岡存（1937）「故榊保三郎先生の追憶」、「精神分析」第5巻、第2号、64-66
144　諸岡存（1933）「精神分析思出の記」、「精神分析」第1巻、第7号、59-64
145　松村武雄（1929）『童話教育新論』培風館

146　小山秀子（1942）『地球を廻りて』小山哲男
147　高島平三郎（1933）「フロイド氏と児童心理を語る」、「精神分析」第1巻、第5号、2-6
148　古屋景晴（1918）『第七巻　精神分析合成療法』精神研究会
149　中村古峡（1919）『変態心理の研究』大同館書店
150　戸田弘子（2009）「「加持祈禱」という身心〈治療〉の近代――中村古峡の「精神療法」再考」、「文化／批評」(1)、185-210
151　中村古峡（1930）「神経衰弱はどうすれば全治するか」、「主婦之友社」
152　森田正馬（1921）『精神医学叢書　第1編　神経質及神経衰弱症の療法』日本精神医学会
153　森田正馬（1921）『精神療法講義』日本変態心理学会
154　大槻生（1936）「探訪（八）中村古峡診療所」、「精神分析」第4巻、第6号、89-91
155　中村古峡（1939）『病弱から全健康へ』日本精神医学会

第五章

156　小此木啓吾（1970）「追悼記念講演　日本的精神分析の開拓者古沢平作先生」、「精神分析研究」15(6)、1-15
157　霜田静志・国分康孝編著（1971）『自己分析を語る』誠信書房
158　古澤平作（1969）「フロイドノート：フロイド先生との最初の会見」、『フロイド選集』第一巻、日本教文社
159　Davies, E (1998) *20 Maresfield Gardens: A Guide to the Freud Museum*. Serpents Tail
160　Molino, A., Carnevali, R., Giannandrea., A. (2013) *Crossroads in Psychoanalysis, Buddhism, and Mindfulness: The Word and the Breath*. Jason Aronson
161　安永幸一（2009）『山と水の画家　吉田博』弦書房
162　安永幸一（2016）『吉田博作品集』東京美術
163　古澤平作（1956）「フロイド教授を偲ぶ」、「精神分析研究」3(11)、10-12
164　岩田文昭（2014）『近代仏教と青年』岩波書店
165　古澤平作（1927）「赤面恐怖症の精神分析例」、「神経学雑誌」27(9)、605
166　小峰茂三郎（1927）「自殺行為をあえてせる妄想性抑鬱状態の精神分析例」、「神経学雑誌」27(9)、605
167　古澤平作（1928）「洗浄癖の精神分析一治験例」、「神経学雑誌」29(3)、102
168　古澤平作（1928）「或強迫観念の成因とその心的構造」、「神経学雑誌」29(3)、102
169　古澤平作（1928）「エディプス複合体を内容とする定型夢を最後として治癒せる強迫観念性神経症の分析例」、「神経学雑誌」29(3)、103
170　古澤平作（1929）「強迫観念性神経官能症及び赤面恐怖症のけるんこんぷれっくすについて」、「神経学雑誌」30(8)、489
171　古澤平作（1929）「エディプス複合体に関する一考察」、「神経学雑誌」30(8)、

489
172 Heisaku Kosawa (1933) "Eine schizophrene Gesichtshalluzination." *Internationale Zeitschrift für Psychoanalyse, 19* (3): 434-439
173 古澤平作（1958）『精神分析学理解のために』日吉病院精神分析学研究室出版部
174 森田正馬（1926）『神経衰弱及強迫観念の根治法』実業之日本社
175 小此木啓吾（1970）「追悼記念講演　日本的精神分析の開拓者古沢平作先生」、「精神分析研究」15(6)、1-15
176 永尾雄二郎、クリストファー・ハーディング、生田孝（2015）「鼎談　仏教精神分析（1）古澤平作先生を語る」、「精神療法」41(3)、385-395
177 前田重治（1995）『原光景へ――私の精神分析入門』白地社
178 前田重治（1984）『自由連想法覚え書――古沢平作博士による精神分析』岩崎学術出版社
179 小此木啓吾（1979）「日本の精神医学100年を築いた人々　第9回古沢平作」、「臨床精神医学」8(7)、69-78
180 永尾雄二郎、クリストファー・ハーディング、生田孝（2015）「鼎談　仏教精神分析（3）　古澤平作先生を語る」、「精神療法」41(5)、715-722
181 土居健郎（1953）「感謝の言葉」、「精神分析研究会々報」2(6)、3
182 編集部（1956）「脳科学懇話会から日本精神分析学会まで」、「精神分析研究」3(5)、12-18
183 山村道雄（1954）「初盆の人々　丸井清泰先生を偲んで」、「日本臨床」12(8)、74-75
184 古澤平作（1955）「1955年の年頭に際して」、「精神分析研究」2(1)、1-2
185 山村道雄（1975）「日本精神分析学会25年の歩みを回顧して」、「精神分析研究」24(4)、215-219

著者略歴

（にし・みなこ）

心理学博士．2006年九州大学大学院人間環境学府博士後期課程単位修得退学．現在，京都大学大学院教育学研究科准教授，白亜オフィス．共著書に『教育相談支援 子どもとかかわる人のためのカウンセリング入門』（編著，萌文書林）『いのちを巡る臨床』（共著，創元社）『「臨床のこころ」を学ぶ心理アセスメントの実際』（共著，金子書房）．共訳書にサンダース『ポスト・クライン派の精神分析』（共訳，みすず書房）メルツァー『自閉症世界の探求』（共訳，金剛出版）などがある．

西 見奈子

いかにして日本の精神分析は始まったか

草創期の５人の男と患者たち

2019年 3月22日　第1刷発行

発行所 株式会社 みすず書房
〒113-0033 東京都文京区本郷２丁目 20-7
電話 03-3814-0131(営業) 03-3815-9181(編集)
www.msz.co.jp

本文組版 キャップス
本文印刷・製本所 中央精版印刷
扉・表紙・カバー印刷所 リヒトプランニング

Printed in Japan
ISBN 978-4-622-08796-0
[いかにしてにほんのせいしんぶんせきははじまったか]
落丁・乱丁本はお取替えいたします